愿你出走半生
归来仍是少年

YUANNI CHUZOU BANSHENG
GUILAI RENGSHI SHAONIAN

 孙衍/著

民主与建设出版社
Democracy & Construction Publishing House

图书在版编目（CIP）数据

愿你出走半生，归来仍是少年 / 孙衍著. -- 北京：

民主与建设出版社, 2016.8（2018.11重印）

ISBN 978-7-5139-1120-7

Ⅰ. ①愿… Ⅱ. ①孙… Ⅲ. ①散文集—中国—当代

Ⅳ. ①I267

中国版本图书馆CIP数据核字(2016)第121478号

出 版 人：许久文

责任编辑：李保华

策划编辑：赵中媛

排版设计：曹 敏

出版发行：民主与建设出版社有限责任公司

电 话：(010)59419778   59417745

社 址：北京市朝阳区阜通东大街融科望京中心B座601室

邮 编：100102

印 刷：北京柯蓝博泰印务有限公司

版 次：2016年8月第1版 2018年11月第8次印刷

开 本：32

印 张：8

书 号：ISBN 978-7-5139-1120-7

定 价：36.80元

目 录 *Contents*

给很多年后　一去不复返的自己

我们都被这个世界　温柔地爱过

给所有的故事　一个温暖的结局

陪伴　是最长情的告白

你只要 站成一棵树就够了

但愿我和你 是一支唱不完的歌 ／ 235

愿 你 出 走 半 生 ， 归 来 仍 是 少 年

自　序

如果把我三十多年的人生切割成两部分，正好一半在异乡，一半在故乡。

当很多人思虑着要不要去远方闯一闯时，我已经在外面游荡了十几年，想着归来了。

回到家乡的这几年，我一直在想，在回顾，在思考，这些年在外面做了些什么，又得到些什么。毋庸置疑，我和大多数人一样，总是遗憾大于收获。

幸好还有遗憾，我还能继续想着让自己更好一点，也正因为有遗憾，才能让自己时时处于警醒的状态。

这两年爱上长跑，刚开始跑的时候，鼓足了勇气，生怕坚持不了就彻底放弃了。长跑是最锻炼人心志的运动。才跑出去一公里，或许你就会气喘吁吁，腰酸腿胀，而头也开始晕乎乎起来。只是，当你坚持到三公里时，你会觉得一切还有希望，当你跑到七公里时，你又会觉得，这路怎么这么漫长啊，到哪里才是个头啊。到九公里的时候，你突然就想爆发，觉得终点就在眼前。

当你终于到达终点，那种从未有过的成就感，便油然而生。

人生就像长跑，我是那种过早出发的人。当初，年少轻狂，小小年纪便去了东北，在冰封雪藏的山坳里，我第一次感受到了文艺电影中的美好画面，也真切地体会到了那种彻骨的寒冷，以及艰苦生活带给我的磨砺。所以，我特别喜欢夏天，喜欢知了的叫声，喜欢在凉风习习的山头望着南方，那是故乡的方向。

十年前，我到了北京，住在鼓楼附近的胡同里，那是一个四合院，冬天的时候，每天要烧炉子取暖。经常，因为自

己不擅长做这些而被房东责怪，因为一旦熄了火，再燃起炉子非常麻烦。我就窝在那个小小的透着风的房间里，裹着军大衣埋头码字，总觉得这样坚持以后，生活总会有所回报。

事实恰恰相反，那时候换了好几份工作，由于自身经验的缺乏，无一例外都做得不够好，心情极度低落。

那几年，家中的老人相继去世，自己也经历了几段感情，工作也渐渐稳定下来。

有时候，你越怕你就越不会懂得。

现在，我经常回想起少年时代，喜欢趴在桌子上，眼睛一眨不眨地望着窗外的树顶，想着那是一座山，山上有寺庙，有香火，有人群，有飞鸟。而现在，我更关注那些树顶有没有果实。

这种心理上的微妙变化，是随着成长而来的。

成长，会让你得到一些东西，也会相应地失去一些东西。这本书里，不但讲述了自己这些年的经历和感悟、得到和失去，更多的是反省，这些反省我想也有利于更多像我一样，敏感过，脆弱过，彷徨过，但也一直在坚持着做自己的人们。

与朋友小酌，聊到曾经的过往，那些错过的机遇，那些擦肩的爱情，那些足以让自己飞黄腾达的瞬间。

朋友问我后悔吗？

我说不后悔，因为摆在面前的永远有两条路，但我只能选择其中一条。而我毫不犹豫地选择了坚持自己，做回自己。无论如何，任周遭再多变迁，初心不容亵渎。

如今，我已然告别少年，成为一位跋山涉水穿越红尘之后的年上男。但我仍然坚信，这么多年的生活经历与成长过程里唯一没有改变的，便是自己胸膛之内那一颗赤子之心。既能自度，也能度人。唯有如此，才能让每一个昨天真正的完美谢幕。

给很多年后
　　一去不复返的自己

人都有两面，一面是自尊，一面是自卑，这两面永远矛盾地存在于人的心灵深处，人活着可以逃避许多东西，但是无法逃避自己。

最重要的是你要知道你是谁？你的抛弃和拥有，都是你自己的选择，没有一种生活是一成不变的。生命无常，只有一路上边走边唱，才会遇见真正的自己。

愿大雨浇不灭你的热情，愿这世界温柔待你

　　外面大雨如注，波姗姗来迟。他说自己是走过来的，冒着倾盆的大雨走了将近五公里。我和峰都有些讶异，但彼此都心照不宣，并没有说什么。

　　朋友嘛，有时候一个眼神就心领神会了。

　　波是个要强的人，他从苏北小镇考上省城的名牌大学，又读了本校的研究生，毕业后到电视台任职，一干就是十几年。

　　这十几年，经历几任台长，他都任劳任怨，一直坚守着自己的岗位，直到去年升任主任助理。

　　年纪轻轻，身居要职。我们都以为他要歇一口气了，甚至在去年的一次聚会上，我们举杯为他庆贺，他也有些志得意满的样子，连我们都被励志到了。

事实上，他根本没想过让自己停下来。

最近，他买了市区的一处老房子，一边张罗孩子的上学问题，一边忙着装修。东奔西跑，晚上时常需要加班，赶在周末陪孩子上兴趣班之前，还要去东郊爬一次山。

他就像传说中的永动机，不会因外力而作片刻的停留。

也是从去年开始，他患上了一种难以治愈的皮肤病。多处寻医问药后，确诊为湿疹。按理说湿疹并非是"不治之症"，但在他身上却像生了根一般。

我们问他发病的过程，给他出主意，介绍熟悉的医生给他，但他很淡然地说："没什么，医生都说过了，就是压力太大导致的。"

他这么轻描淡写，我们倒显得过于紧张了。压力，这个词太熟悉，熟悉到已经家常便饭，懒得提起。压力，是这个时代人人都要背负的枷锁，也是每个人心甘情愿承载的命运方舟。

波不过是方舟上的那个摆渡人，宁愿自己辛苦一点，再辛苦一点，努力一点，再努力一点。在对自己苛刻的同时，也希望身边的人生活得更好。

可是，这样真的值得吗？每次看到他坐在我们对面，脸上一块块的红斑，既是昭示他胜利的勋章，也是对他过度消耗身体的惩罚。

我们都有些不忍，他这样拼，我们有什么理由不支持？我们又有什么理由不奋起直追？

去年因为工作的缘故，情绪不太好，便约了朋友去东郊打球。朋友住在郊区一套带网球场的别墅里，我要先坐地铁再倒一次公交才能抵达。

地铁上，我能看到三三两两的学生，他们是趁着没课的罅隙溜出来逛街的。他们的脸上洋溢着一种青春的光芒。有的交头接耳聊天，有的在玩 iPad，也有的在车厢里晃来晃去，摇摆着手上的球拍。

感受着身边浓浓的青春气息突然觉得此行十分值得，路途再远又如何。

下了地铁，上了公交车，才发现地铁有多么好，冬暖夏凉，少有颠簸。公交车上则人满为患，既有拿着老年卡凑热闹的老人，也有带着放学孩子的家长。我见一位大妈抱着一个约莫两岁的孩子，便招呼她过来坐。

大妈非常感谢我，一路上和我套近乎拉家常，说："你是第一次到这远郊来吧？"

我说："是啊，挺远的，坐了一个多小时车呢。"

大妈说："郊区是交通不便，不过空气好啊。"

那时候，正值市区大修大改期间，整个城市被灰尘笼罩，

PM2.5 每每爆表。

大妈似乎也懂空气质量。我便回她："大妈，你们生活在郊区，感受如何啊？"

大妈摇了摇头，说："好是好，不过，你看这孩子，可怜哦。"

我隐约听出些不祥的声音，便没有搭话。

大妈自顾自轻声说着，仿佛说着别人家的故事："孩子的爸爸去年参加单位组织的长跑比赛，结果猝死了，他平时体检，根本没什么病啊。你说冤不冤？可怜不可怜？"

我只好安抚着说："现在空气不好，的确不宜在室外剧烈运动。"说完已经到站了。

下了车，一阵风吹过来，看着车上远去的那对祖孙，突然觉得有些凄凉。

之所以有那么深的感触，是因为也是去年的这个时候，集团组织了一次长跑，一位男同事跑到半路突然倒地，送到医院时已确认猝死。

当看到这对祖孙时，我突然想到这个同事。这位同事原在北京工作，因为家乡是江苏，恰巧公司又被我们集团收购，便申请回江苏工作。

也就在事情发生前的几个月，他带着年轻的妻子和年幼的儿子，从北京搬到了南京，开始了全新的生活。但没想到，这么快就因为一次很平常的长跑活动，撒手人寰。

他的年纪应该和公交车上那个孩子的父亲差不多，三十岁左右，却永远地和这个世界做了告别。

曾经，他们一定想着自己正值壮年，什么都能扛得住，加点班算什么？长跑锻炼又算什么？连他们自己都想不到会因此而白白丢失了性命。

整整一个春天，身边的人都笼罩在一种莫名的悲伤气氛中，所有的同事都在微博上点起了蜡烛悼念他。甚至在他去世一周年后，仍然有同事在微博和微信中提起，希望他在那边不要那么拼。

与其说大家不约而同在悼念友人，不如说在悼念自己，悼念辛劳而又易逝的时光，那么琐碎那么紧张那么好似与己无关却又息息相关。

因为是吃自助餐，我和峰都是大快朵颐，只有波安静地选了一些蔬菜和热饮。他甚至开玩笑说："你们多吃点，一定要把我那份给吃回来。"

虽然是玩笑话，听着却有些辛酸。

很快，我们便吃得很撑，只好端了咖啡坐下来聊天。波却说要提前离开了，因为他还有事要忙，而我们只好劝他早点回去休息。

波匆匆拿着雨伞离去，玻璃窗上印出两个黑体的大字：自由。他穿过这两个字，冲进了雨幕，直到融成一颗小小的雨滴。

看着他的背影，我们却不知道再说些什么，这样的一个年轻人，为了自己丰满的理想，也为了贫瘠的现实，一直坚定地向前走着，无论前方是烈日还是暴雨，无论是刀山还是火海。

只愿大雨浇不灭他心中的热情，也愿这个世界能对他温柔相待。

是谁在杀死文艺青年

是谁说过，当一个社会开始嘲笑文艺青年时，这个社会已经无药可救了。

有个周末，我要去书店做讲座，却发现相机落在了办公室，当我赶到写字楼下时，才知道电梯出了故障。我只好将手上的两本诗集放到了前台的大叔那里，让他暂时帮忙保管，心中一片怨念地跑步上楼。当我气喘吁吁地飞身下来时，那位大叔正津津有味地读着其中一本诗集，我走到他面前时，他甚至都没有抬头。

我歉意地表示我要赶时间，他才将诗集递过来，并对我说："能送我一本吗？"我说这是做讲座用的，只有这两本，给了你我讲座就做不起来了。如果你喜欢，回头我再送你。

不知道为什么，离开写字楼后，一路上都有些愧疚。但很快，我就把这件事给忘了，直到有一天，我又看到他坐在一楼执勤，眼神望向我时，有那么一点点询问有那么一点点责怪，或许什么都没有，只是我心里的内疚在作祟。

前两年，我都会跟着我们的发行同事去仓库清理书目，将一些老早过期的图书销毁，再将一些比较新的图书放到比较好的位置，并贴上标签。那个时候，我才知道图书业是多么辛苦，多么凄惨。

理货员师傅一直在喋喋不休地说着他们理货的不易，不停地进货出货退货理货，打包裹，上架子，填单子，他们好多人年纪并不大，但看上去都很憔悴。成年在暗无天日的仓库劳动，他们一个个看上去像饱经沧桑的老人。

活做到一半，我发现有个理货员师傅坐在一辆移步车上，正默默地读着一本书，我看到书封正是我编辑的一本书，他认真地读着，旁若无人，在灰暗的灯光下，他犹如一个忘我的思想者，置自己于世界之外。

我有些愤懑地对发行同事说，谁说这书不好卖的，你们看，连一个理货员都在读。发行同事并没有反驳，他们甚至饶有兴致地告诉我，不光是理货员，好多身边的朋友都会问他们要书看，但当问他们买不买书时，答案都是否定的。几乎清一色都会说，好看的书太多了，我们也不知道买什么书，能要几本看看就不错了，买还是算了。

如果你问他理由，或许连他自己都不清楚。是囊中羞涩，是家中无处可放，还是在这个物质的世界里，捧着一本书，会遭到嘲笑？！

我有个姑父在安徽乡下，那是个相对落后的地方，就算现在，还是有很多泥坯搭起的房子。在我很小的时候，家里过年的对联都是姑父写的，他总是会在腊月二十五左右不远千里将鲜红的对联送过来。从某种意义上说，他是我的书法启蒙老师，正是他的引领，我才对书法甚至对联感兴趣。

有一次，我看出由他书写的对联上有一个错字，并戏谑似的告诉他，写这么好有什么用，连个字都不认得。姑父没有说话，他摸着我的头，眼神里满是怜惜，又带着些期待。

母亲说，其实姑父没什么文化，打小家里就穷，上不起学，只是对文字感兴趣，一直坚持写毛笔字，有些字不认识很正常。我时常想起他的眼光，是对我成长抱有的希冀、羡慕，抑或更多复杂的情绪。

姑父生有两个女儿，但他一直希望能有个儿子，所以在他和姑妈还算年轻的时候，总是在折腾生养的问题。在这一点上，他十足的封建并且十分固执，在一次次失败和失望后，两个女儿已经长大成人，到了谈婚论嫁的年纪。

他张罗着想将其中一个女儿招亲入赘。在招待远亲近邻的讨论宴会上，他受到了大多数亲友的反对，特别是我的母亲，母亲一向看不惯他的重男轻女思想，说现在都什么时代了，你把两个女儿嫁得近一些，到你老了还是可以坐享清福的，如果你招赘女婿，有一天有了矛盾，过得不和睦，就是自讨苦吃。

母亲一语成谶，好景不长，原本入赘的大女婿是一个爱好读书出口成章的穷小子，因为家里生有三个儿子，但无力给他们一个好的将来，早早就辍了学，更别提盖新房娶媳妇了。

早先，因为有共同语言惺惺相惜，日子过得还算和睦。我记得去他们家的时候，经常能看到家里放满了书，有亦舒的，也有琼瑶的，甚至有巴金茅盾的著作。可是，在这样一个贫穷的家庭，读这些书又有什么用。

很快，大女婿去了无锡打工，白天辛苦劳作，晚上以搓麻将消磨时光，直到有一天，因为实在体力不支，竟然一脚踩空，从一个刚建好的楼梯上坠了下去，落得半身不遂的残疾。经过一阵沸沸扬扬的闹腾后，终以落得几十万的伤残费而告终。

从此，大女婿一直养病在家，郁郁度日。从前的书早已不见踪影，待身子稍好一些，他又重新上了牌桌。

昨天，又有一个实习生要离开了，这是我见到的为数不多，在我们讨论业务时会在旁边静静聆听的女孩。只有在她离开之时，才会像其他实习生一样，来向我咨询一些就业的问题。

她告诉我，自己喜欢读书，对这个行业也充满了向往，却又不知道如何下手，也不知道事业的前景如何。我想，凡是一个在单位实习的新人，都会有与她同样的困惑吧。

就像我当初一样，书稿看不好，连错别字都看不出来，就莽撞地入了这个行业。就算现在，我仍然不能像那些专业娴熟的同事那样能如鱼得水，无非就是凭着内心那点狂热和喜爱。说到底，是一种情怀在支撑着我，一路走到今天。

所以我告诉她，如果你真的喜欢，就不妨一试。但一定要记住，兴趣爱好和工作永远是两码事，并不能因为自己是一个文艺青年，就一定要从事文艺的工作。哪怕在外人看来，你身上的标签是那样光鲜诱人，是那样值得崇敬。在工作面前，我们都是一个个螺丝钉，都在不停地松开和拧紧，都在打磨，都在无畏地抗争。

这个世界从来都不缺乏喜爱文艺的人，我的小姨曾经那么爱读书，爱看电影，一度成为电影院的员工，后来她嫁作官太太，却再也没有拿起过书，看过一场电影。

我小时候认识的一个姐姐，她曾经疯狂地迷恋唱歌，写小说，她敢爱敢恨，离家出走，与男友私奔，做尽了一个文艺女青年所能做的"离经叛道"的事。后来，她像一条被打捞的鱼终于收入网中，每天带着孩子过起普通人的生活。

我们永远不知道是从何时起，就轻易地放弃了心中的梦想，就像我们永远不知道，这个世界的真正走向。但至少，我们懂得，读书的意义，还有思考的重量。没有这些，这个社会只会更加糟糕，污浊之气会填满每个角落，暴戾会更加横行。

当一个看门大叔、一个仓库的理货员、一个对未来充满懵懂和未知的实习生，他们都对文学抱有一份敬重，我们还有什么理由放弃？

还好，我们的身边从来都不缺坚守的人，哪怕现实的枪一直指着自己，还是会像一个英勇就义的人一样从容不迫。

不要用所谓的生活经验，去复制身边的另一个你

实习生小吴要走了，临走时她有些怯生生地走到我的办公桌前打招呼，跟她来的时候一模一样。我记得她刚来实习时，也是这样，带着些现在女孩少有的羞怯，用探询的目光向我咨询过入职这个行业后的发展前景。

当时我告诉她，这个行业太清贫了，在他们还没有完全踏入社会之前，可以把视界放宽一些，不要因为一时的喜好，把大好的前途给毁了。

小吴一脸的茫然，一副一知半解的样子，后来她反问我："那既然这样，你们为什么还这么努力呢？"

是啊，我们为什么还这么拼呢？后来，我用一个词来回答她：信念。

信念，多么虚无缥缈的词啊，现在的孩子大多都会觉得荒

唐和不屑一顾吧？可是，的确是信念在支撑着我们啊，如若不是信念，在任何一个看似平静却处处充满了八卦腹黑过河拆桥的环境里，你都无法好好存活下去吧？

可是，孩子们也可以用信仰来反驳我们啊，他们也有自己的爱好，也可以说是信仰，凭什么就不能来一次奋不顾身的投入呢？

无独有偶，因为单位常年都会有实习生来实习，像秋收的麦子一样，一茬又一茬的。曾经也有一个小男孩在我们这里实习，暂且叫他小张，小张没有其他实习生的学历那么高，只是中专生，或许是托了关系才进到我们这里。

事实上，他比任何一个实习生都更勤奋，也更大胆地向老同志学习专业知识，甚至早早地就开始打探能否在实习期过了留下来正式工作。

小张家住在郊区，每天都要坐近两个小时的公交和地铁来上班，有时候我会在地铁站碰到他，他会客气地过来寒暄。

久而久之，就熟识了。他时常会问我一些业务上的问题，但最后都会转到能否转正上面来。因为我不是带他的同事，也就不便跟他讲得太明白，只能暗示他，工作上勤奋一些，或许会有机会。

每个单位都有自己的门槛，我早就明白，像小张这样学历的孩子，除非有足够的背景支撑，否则永远也不可能在这个单位里由实习生转为正式员工的。

但你能随意抹杀一个孩子的梦想吗？后来，小张实习期过后，去了法警系统下面的一个杂志社工作，看上去一切都那么顺利，也似乎达到了他满意的结果。

有一次，小张顺道过来看我们，坐在我的办公桌前一直絮叨在杂志社的工作境况，时而说工作还不错，时而又说不是自己想要的感觉。我多少听出他是怀念从前实习的日子，也很想告诉他，实习和正式工作的区别，现实与回忆的差距，但他似乎已经听不进去，执念于想有机会能再回来。

他一直喋喋不休地在旁边重复着自己的工作细节，甚至要求我打开他公司的主页，看看他现在的工作是多么枯燥而乏味。

两个多小时以后，我终于有些不耐烦了，只好以还有事情为由，告诉他可以离开了。

我坚信小张是个有梦想的孩子，并可以为自己的梦想付出一切努力，但执念或许会害了他。可是，他有错吗？就算我告诉他，在他还年轻的时候，可以有多种选择，他也未必会按照我说的去做。他已经是成年人，有自己的价值诉求，有自己的人格树立，可以为自己的未来负责。

不禁想起在北京工作时的事情，当时单位里招聘了几个刚刚从学校毕业没多久工作资历尚浅的同事，他们几乎清一色来自经济欠发达的地区。

后来才知道，是我们的女老板为了培养新鲜血液，才选择了这几位年轻人进来。这几个同事的确比老同志更重视这份工作，无论是业务上还是人际关系上，他们都付出了超乎寻常的努力。特别是在人际关系上，他们积极地和身边的人打成一团，并逐渐向外扩展，很快，他们便建立了自己的人脉圈。

身边的老同志们看在眼里，很快也形成了两个阵营。一方觉得他们太过功利，急于攀附人际关系，让人看不起，甚至加以讥讽；另一方则同情心泛滥，觉得他们太不容易了，有机会一定要帮帮他们。

后者果然也都付诸行动了，比如年事已高的大姐会在工作上尽量减轻他们的负担，会在他们犯了错误的时候替他们辩解，在各种大会小会上多加表扬他们。年轻一些的大哥大姐们则在生活上对他们嘘寒问暖，有送东西的，有亲自带着他们去办事的，在他们的家人过来看病时，去探望的帮助找关系的。甚至，影响到那位最早播洒爱心的女老板，时刻不忘关心他们的住宿、恋爱以及将来的安排。

很快，他们在一帮大哥大姐（当然也包括我）的影响下，开始筹措着买房、恋爱，这一路上，自然少不了大家的帮助和苦口婆心，比如会告诫他们不要找太漂亮的，尽量找门当户对的，可以一起打拼的，不要找太娇气的。买房子要买到可以升值的区域，如果是为了结婚要买在城区带学区的位置，哪怕是老房子。他们因为感恩，多少还是会点头照办。

可是，他们真的会遵照这些看上去像一切都安排好了的既定程式去做吗？答案是否定的。

其中一个毅然决然在通州买了房子，另一个也坚决要改变自己凤凰男的身份，找了一个家境不错的女孩。当时，很多人都不看好，说买那么远的房子不容易升值啊，以后上班不方便啊，找了女朋友怎么办啊？你一个出身那么差的男生，还有点花心大少爷，找什么富二代啊。

几年过去了，事实上，他们过得比我们想象的好多了。前一个很快找了一个女孩结婚生了孩子，并将郊区的房子卖掉正准备换市区的房子；后一个仍然守着那个富家女，并在市区不错的位置买了一套豪宅，过上了自己想要的生活。

我们的身边充斥着各种以自己生活经验强加于人的人，有些是我们的亲人，有些是同事，他们用自己所谓成熟的金钱观、事业观和恋爱观，以过来人的语调，以同情的理由，试图去改变周围的人，让其按照自己既定的生活模式去经营他们的未来，但无一例外都失败了。

每个人都有自己的目标、人格和尊严，当你企图去说服别人的时候，别人也正以内心的抗拒，在头脑中形成一个完全与你相左的路线，并努力去实践去印证自己的可能性，直到成功的那一天。

至于手段是什么样的，也许会有人嗤之以鼻，有人隔岸观火，有人加以猜测。时移事易，和他们的脱胎换骨相比，那些背后的指点批评都已不再重要。

但不可否认的是，当他们有一天以自己的方式得到自己想要的，并远远超过你曾试图替他们规划的预期的时候，我们才发现当初的苦口婆心是多么可笑，我们不过是拿自己并不算成功的经验，复制到一个看似不如你的人身上。

潜意识里会觉得对方永远也不如你，会听凭你的指导接受你的"帮助"，而忽视了他们也是一个有自我意识的个体，当他们走得越来越远时，甚至超过你的想象时，所有的看好和不看好，都会变得毫无意义。

你有你的生活，别人有别人的追求，任何的强加于人，最后都不过是自欺欺人。

自卑是一种什么样的体验？

去某客户那里谈一个主题活动，由于上次种种话题的不协调，便在路上打了点腹稿。果不其然，这次气场仍然无法调和。我的旁边坐着她们的男领导，一直在那里很官方地强调活动的重要性、延展性，以及活动给大家工作和生活带来的益处。

我很想插嘴介绍一下这次活动的主题、具体内容、嘉宾及其身上的闪光点等等，以方便他们做活动前有个了解。然而，我久久插不上话，甚至怀疑自己是不是语言逻辑或表达出了问题。

后来，我终于忍不住了，硬是在他们喝水的空当，将自己想要说的话一股脑儿说完了。其实也就两三分钟的事情，我却有种如释重负的感觉。

那个男领导并没有借此发挥并引起她们的关注，而是继续阐述自己的观点，以及执行的要义。对面的几位女员工只是微笑着，让我联想到餐厅的服务员、飞机上的空姐，还有银行门口的大厅经理。她们职业化的笑容，是那样空洞和不得要领。

直到男领导问她们，你们会写文案吗？你们喜欢这样的活动吗？

她们笑了笑说：不会，不喜欢。

话题进行到这里，我感觉到这个世界深深的恶意。

可是，怎么办呢？在这位男领导的"软硬兼施威逼利诱"下，我都已经无法介入了，又何况这些在他手下领工资的员工。

后来，我意识到这是一种心理在作祟，这种心理叫自卑，是一种因为自己的不确定或者盲区而导致的怯懦心理，是一种不能自助和软弱的复杂情感。由此而引发无端的微笑，不知来由的傻笑，或者无尽的沉默。

一直以来，我都认为自己性格内向怯懦，说到底就是自卑。这种倾向如影随形，已经伴随我度过了无数个春夏秋冬。在即将到来的日子，我仍然要依偎着这种有些自虐的性格走下去，直到走进坟墓。

就像这次的交谈，我已经尽可能地将自己融入进去，并且强势地主导了一次对话，将自己的见解表达了出来。而那几位员工，她们可能比我还要自卑，我能体会到她们的无助，对马上要进行的工作那种无奈的情绪。或许她们对这些活动并不热爱，只是因为需要有份工作养家糊口而坐到了那里。

自卑是种什么样的体验，那些自信爆棚的人是无法体会的。

我还记得小时候很喜欢去一个老师家玩，那个老师和我母亲是好朋友，所以对我关爱有加，经常留我在她家做作业，吃饭。

那之后，我和她儿子成了好朋友，她儿子比我大两岁，是个品学兼优的好学生。最重要的是他头顶上有两个旋儿。那时候有个迷信的说法就是头发上的旋儿越多，就越聪明，虽然这种说法毫无科学依据，但我就是一意孤行地相信并坚定地认为他一定比我聪明。

我多次用棱镜的方式去偷偷查看自己的头顶和后脑勺，最糟糕的是他妈的，我竟然一个旋儿也没有！就算有，也可能只是一个正常的头发旋儿，这谁都有不是吗？

那时候，我对他充满了崇拜，他做的任何事情我都无比的羡慕。就连冬天的时候，他嘴里哈出的气，我都很想闻一闻嗅一嗅，是不是与众不同，是不是有着智慧的结晶。我甚至傻到觉得闻了以后，自己也许就会变得和他一样聪明了。

十岁的时候，学校进行运动员选拔，我竟然被找去了。

我像个二愣子一样排在队伍里，怎么也想不通自己是怎么被选进去的。当然，这只是一次例行的选拔。结局是我毫无悬念地被淘汰了。

初中三年算是我最辉煌的日子，那时候成绩还算不错，老师们都是势利眼，当然对我也不差。那时候，学校的黑板报上都是我的文章。当学校要组织什么知识竞赛时，我就成了不二人选。但我实在过于紧张，加上自卑的心理，面赤耳热，总是无法及时地抢答，就连必答题，也是让身边的同学给答了。

高中没有考上理想的学校，一时颓唐到了极点。班主任知道我初中还算是个好学生，便在一次关于邓选的主题竞赛中让我参加，说是将功补过。我不知道我是过在哪里，仅仅是学习成绩下降吗？当时，我背负着极大的屈辱，匆匆上阵，结果自然是铩羽而归。

自卑就像杂乱无章的灌木丛，越不修剪就越生出刺来。

自卑也是自闭敏感脆弱倔强孤傲焦虑的同义词，更是可怜可悲自尊心强的亲兄弟。

记得入伍后不久，便有一位领导跟我说，你的自尊心太强了，这会让你在以后的道路上遭遇更多不该有的挫折。

当时的我血气方刚，在某些方面也重拾了些自信，所以这些话我并没有听进去。直到部队也搞什么专业知识竞赛时，我才发现自己又将历史重演了一遍。甚至在一场关于雷锋的演讲中，我竟然声音越来越小，越来越小，让整个会场压抑得鸦雀无声，结果连一点掌声也没有，我就灰溜溜地下台了。

那一次，我成了名副其实的冷场王。

所以，就算现在，我经常要在一些会议上发表自己的见解，在一些讲座上要侃侃而谈自己的观点，却仍然会觉得自己是那样不合时宜，内心准备好的底稿最后全变成了毫无逻辑的说辞。

一个自信的人是无法体会这种感受的，每当我看到身边的人那样乐观坦然抑扬顿挫地去阐述自己的想法时，我便觉得自己是那样的渺小和微不足道。

法国文艺复兴后期思想家蒙田说：憎恨自己和轻视自己是人类特有的疾病。

高尔基也认为：人们不太看重自己的力量，这就是他们软弱的原因。

德国哲学家黑格尔则说：自卑往往伴随着怠惰，往往是为了替自己在其有限目的的俗恶气氛中苟活下去作辩解。这样一种谦逊是一文不值的。

人都有两面，一面是自尊，一面是自卑，这两面永远矛盾地存在人的心灵深处，人活着可以逃避许多东西，但是无法逃避自己。

其实，我们都是自己的敌人，我们的丑陋猥琐自私无赖不知宽容，都是我们最难克服的缺点。而自卑在一定程度上让我们明白这些缺点的存在。只是，过度的自卑会让自己陷入一种难以自拔的窘境。从而看轻自己，继而失去自信。

回到最初的那场对话，我们匆匆聊完后，就各自散去。直到活动前的一天，他们才急急忙忙地找我要资料要图片，组织宣传等等。他们的这种后知后觉怕是和我一样，有怠惰的成分，也有因为涉及盲区而要做更多的功课才能将事情进行下去的知识储备不足等问题。

　　幸好，活动圆满结束，各自都比较满意。或许，这些可以称为历练的活动，会让他们也让我自己得到一些自信，会渐渐远离那个叫自卑的魔鬼，可以在人前笑得坦然一些，再坦然一些。

不是高冷，是脸盲

现在要是没个什么强迫症、阿尔茨海默症、健忘症、厌食症，都不好意思称自己是文艺青年。所以，默默地把自己审视了一番后，发现以上症状在自己身上都很严重，而且近几年又加了一个症状——脸盲症。

是的，不知道何时，竟然患上了这个该死的症状，那个曾经能把整本语文书倒背如流的少年哪儿去了？那个曾经能将一个别人随意说过的电话号码记一年也不会忘的神童哪儿去了？

而现在，常常对着两张完全不相干的面孔，就是傻傻分不清。

在上海工作的时候，因为在一个创意园区里，办公室是厂房改造的LOFT，大通间大到让人想到足球场，想到沙漠，想到无边无际的海洋。

当时有两个女同事，她们是长得真不像啊，脸眼鼻口耳发腰腿臀，哪儿都不像。但该死的她们都给自己起了别名、笔名、艺名，大致是圆圆、娜娜、居居、舒舒之类，听上去像不像旧社会怡红楼的头牌们的名字啊。

在这些"头牌"里有两位我就一直分不清，因为平时搭腔也少，就更分不清了。好在业务往来也少，只有开会的时候，需要偶尔分辨一下。

半年之后，我才隐隐约约因为知道她们的真姓名之后，才能对其有所辨别。后来跟她们说起这件事，她们差点没把我从公司偌大的露台上踢下去。

更要命的是同一集团的一位女同事，可能之前在某个场合见过，对她的长相略有几分熟识。某次参加一个展览会，在一个过道里，她突然叫住了我，幸好我对她有点印象，但就是想不出名字。

她叫住我后便开始各种问题，从行业渠道聊到行业发展，从个人待遇聊到集团走向，等等。她喋喋不休的同时，我脑子里一直在盘旋，思考她的名字，她究竟叫什么，免得她再问到一些话题时，会显得尴尬。

终于，半个多小时过去了，我们的聊天也要告一段落，我却仍然没有想起来。终于，各自有事便告别散开，我急匆匆奔至同行的同事面前，问人家刚才那位女同事姓甚名谁，人家张口便说了出来。

我只能感慨自己年事已高，记忆力下降。

昨天，又有一位北京的美女加了我的QQ，一通过，她便热络起来，问我还在不在北京，其实我就在北京待了十天左右，还是业务培训原因。如果是出差，可能连十天都待不了。

她热情地说着如果在北京一定要好好见一下，要招待我。为什么北京的漂儿们都这么热情似火呢，如果南京的妹子也能这样，我可能就不会得脸盲症了吧？！那么问题来了，这位妹子又是谁呢？她给我报了名字，还报了手机号，她一定认为我对她记忆犹深，一定觉得我们在哪儿见过，一定想着既然熟识，一定能够在某些业务上容易达成共识，然后形成合作。

可是，我压根儿想不起她是谁了，问了一圈朋友，也无人知晓。只好默默地等待哪一天见面了，再行揭晓好了。

追根溯源我的脸盲症还是有病因的，这主要来自于我母亲的家族。记得小时候去外公家，总会因为一群人的长相而弄得啼笑皆非。

事情是这样的，我外公兄弟姐妹众多，这也就罢了，好歹外公外婆爷爷奶奶的礼貌叫一下就是了，关键在于这些老人的子女，他们几乎都是清一色的双胞胎，也就是说这些老人都给自己孕育了一对双胞胎，有儿有女，这对我来说，就成了一个难题。

经常，我看着他们的样子，身上穿着同样的衣服，傻傻分不清楚。而我性格又内向，不会像其他孩子去打破砂锅问到底。很多次，我都会因叫错人，而引得大人哄堂大笑。

这样的事虽然可以说是不常见，但偏偏让我遇上了，从此脸盲症紧紧跟随，伴着我认错了一个又一个人，记混了一张又一张面孔。

脸盲症带来的有时候不止是笑话，有时候也会影响你的人生坐标呢。

初入伍时，因为表现不错，经常会被当作优秀标兵而被首长找去谈话，比如会问你是哪里人，有什么爱好之类的。

有一次，新兵营长把我找了去，在进行了一次很常规的交流后，他问我："说了这么多，你知道我是谁吗？"

因为平时都是起早摸黑的训练，接触最多的就是新兵班长和排长，官最大的就是连长指导员，只有在开大会时，才能见到营长和副营长。当时，特别崇拜其中一位营长，因为他长得帅，身姿挺拔，军姿标准，走起路来虎虎生风，早就成了我们新兵的偶像。想当然的，我一直以为他是营长。

于是，我便对面前的这位真正的营长说："您是副营长吧？！"

这种模棱两可的语气加上贬低对方身价的措辞，下场可想而知。那天谈话后，营长再也没找过我，后来，好多战友都说，你那么幸运，怎么没有被营长选走啊？

后知后觉的我一开始并不知道原因，直到有天知道那位找我谈话的才是正牌营长的时候，真的只能打掉牙往肚子里吞了。

虽然，在我的生命中，这仅是一件小事，但不可否认，这种小事也会让我的人生坐标发生偏移，命运因此而被改变了。

晚上和女作家赵波聊天，说到脸盲症这回事，她说你不会一转身就不认识我了吧。

我只好自我开脱，还不至于吧，对于一些印象深刻的人还是容易过目不忘的。

她又说，现在要是不得个把这样奇怪的病，都不好意思说自己是文艺青年。

是啊，这样想想，心里也是醉了。

蹭吃这条不归路

近一年来，一王姓朋友无论是自己宴请还是友人相邀，都习惯性喊上我。作为患有交际恐惧症的我，一开始推托，后来欲拒还迎，再后来就很爽快地参与了。所以，人一旦蹭上了吃，就算是踏上了一条不归路。

我不是个贪吃的人，吃了差不多近三十年的食堂，对于任何的美食，在我眼中大抵不过是解饿之糜，根本诱惑不了我。有人开解说定是胃不好，可不是吗，胃口坏了，吃什么都不香。我也不是从不思美食的，在患胃病之前，对于美食还是有些许惦念的。

比如，在我刚上学时，不过六七岁年纪，就有一次傻愣愣地放学后去了同学家里，害得父母以为走丢了，四处寻而不得。

当时就为了同学那句他会做饭给我们吃，才有了那么一次"离家出走"。

你想，六七岁的孩子能做什么饭？那位同学的父母都是生意人，要很晚才能回家，所以这位同学竟然早早就学会了自理，真是令人惊诧，况且还是位男同学。那天，同学给我们做了蛋炒饭，香得灵魂出窍，至今都难忘。后来想想，或许当时是玩疯了，也是饿极了，吃什么不香呢？还有一说，就是这种偷偷出走的野食，往往更利食欲。

小时候还有一糗事，就是去安徽的姑妈家，他们每次在暑假的时候过来接我，都是用美食来引诱我的。他们那边的人家喜欢在门前屋后围一个尼龙丝网的栅栏，里面养满了鸡鸭鹅，一进他们的村子，就能听见嘎嘎嘎咯咯咯的声音，真是阡陌纵横，鸡犬相闻。除了在姑妈家能天天吃到新鲜宰烧的鸡鸭，我还生就了一个新的本领，就是偷吃。

那时候的农村，都喜欢在屋后生一个小炉子，炉子是用泥坯搭建的，里面放着柴火，炉子上面放着一口铜瓷锅，里面放着什么你也能猜到了，对，就是飘香十里的地产放养老母鸡。每次嗅到那咕嘟嘟冒气儿的锅里的香味，我就悄悄摸过去了，用小手指从汤里迅速夹起一块，放到嘴里，唇齿留香。这事儿，多年后，还经常被大人们当作笑料。

工作后有很长一段时间在东北，东北人热情好客啊，经常

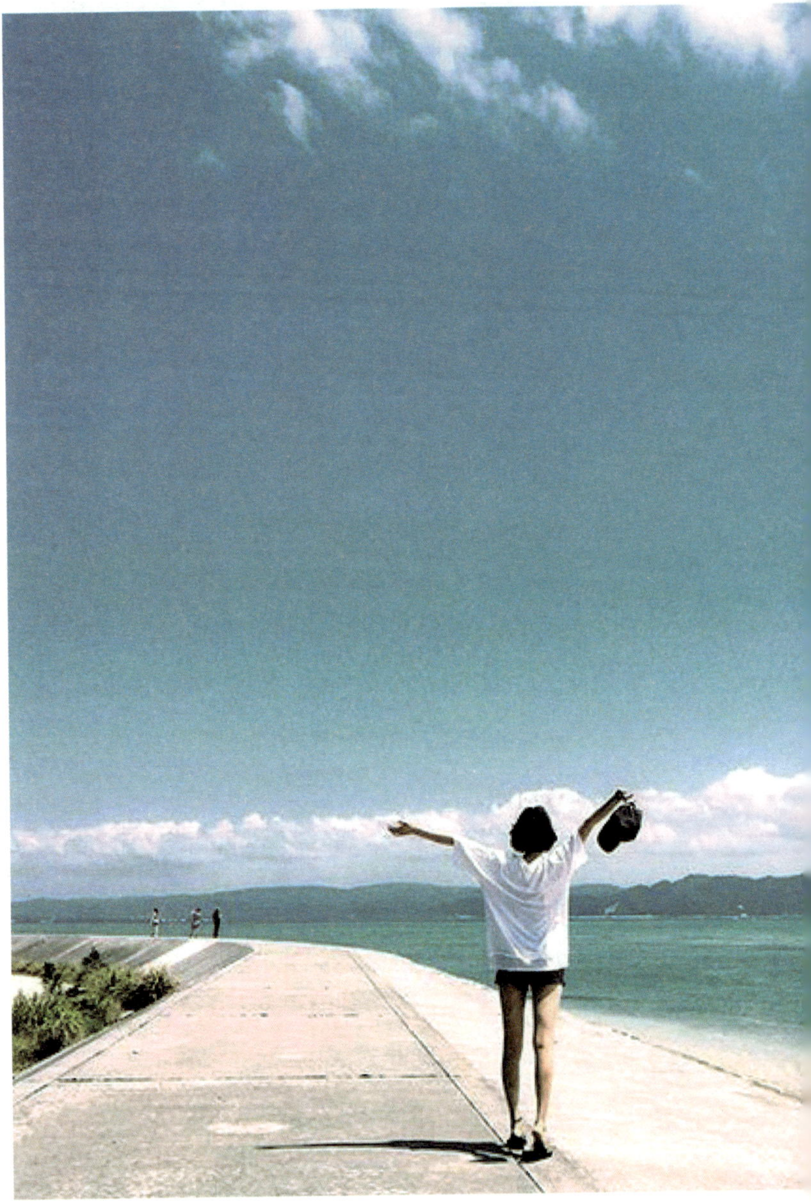

被拉着出去喝酒撸串儿啃大骨棒儿。那时候，除了老乡聚会，还会有一些本地人充当东道主。记得当时单位里的会计，为人十分厚道，每逢周末经常有同事去他家蹭饭吃，我便是蹭客之一。

会计的老婆是个地道的东北美女，瘦高貌美，主要是能做一桌子好饭菜。第一次去，我便被惊到了，一是菜的品相好，作为一个在江南出生长大的人，见惯了各种菜式的摆放，没想到一个东北娘们儿也能有如此审美，实属不易；二是菜的量大，简直令人咂舌，盆子大则大矣，也没必要堆成小山儿吧。结果可想而知，自然是撑得扶墙而出。

记得当时最好吃的是哈尔滨红肠，起初我死活不吃，觉得有股烟熏的怪味儿，又不似江南香肠那般精巧，太过粗笨了。后来，那嫂子说："老弟，你夹一块尝尝，贼拉好吃，嫂子不带忽悠你的。"

我半信半疑地夹了一块置于唇间，轻轻一嚼，果然经配料烹调过的红肠软糯适宜，油而不腻，烟熏味也变得似有似无，倒像有点烧烤的香味儿。后来吃过贵州湖南四川一带大名鼎鼎的熏肉，才发现哈尔滨红肠是真正将一块肉的味道做到了极致。

在北京的时候，经常随恩师参加一些作家协会的活动。恩师做客，我蹭吃。记得有一次去参加北京作协的新年团拜会，大圆桌上坐满了著名的作家，都是我辈仰慕的人物。他们倒也随和，可能是因恩师的面子，对我倒似自己的孩子般，一个劲儿地叫我吃菜吃水果。不时地有中青年作者拿了新著的书过来递给这些老爷子们惠存斧正，老爷子们欣然收下，置于椅子底下。

后来，我发现临走时并没有带走。或许是忘了，或许是老爷子们这样的事见多了，无暇顾及。蹭这样的饭吃，倒是能见到多番面孔，识得人生百态。

那时候，互联网刚刚起步，方兴未艾，我看见中文在线的那些小女孩编辑们穿梭在人群中，手拿一份份合同，不时地用央求的眼神和作家们交流。想想现在如日中天的互联网产业，那时候的女孩们可以算是打天下的元老了吧。

回到南京后，在家里吃饭的时间就多了，我是信奉再多美味珍馐，不如家中一碗粥的，但偶尔也会去蹭食。有次跟一导演朋友去张嘉佳的"梅茜的小店"，那时候，张嘉佳已经成名了，自然是很少在店里。真正的打理人是他的死党兼好基友都市放牛，人称牛哥。

牛哥早早就准备好一桌子饭菜，等我们去的时候便都一一上了，等我们品尝。原以为这种小店以酒为主，没想到菜品也是极好，鸡汤浓郁，小菜清淡，有种农家菜的地道。

牛哥解释说："这些食材都是自己从苏北老家带过来的，回来就下锅，只等你们过来。"向来"食色性也"的他，果然在美食上也有一番讲究，难怪他能让一众女粉丝为其神魂颠倒。后来，又去他与张嘉佳合伙开的"从你的全世界路过"餐厅蹭饭，再次领会到牛哥对食材的匠心。凡事做到极致，就不担心缺少赞美了吧。

蹭饭的好处绝不仅是因为品尝到了打动舌尖的美味，而在于蹭饭的心境，跟对的人去蹭饭，和聊得来的人一起吃饭，那是快事一桩，如若话不投机也是会坐立不安，吃兴全无。

有时候，蹭饭会认识一些新的朋友，会聊到一处可以共同去踏足的美景，甚至会因一顿饭结缘成就一段佳话。比如一代民国大师陈寅恪年近四十了还孤身一人，就因为常去赵元任家蹭饭，赵元任的妻子为他说媒，才促成了陈与唐筼的婚事；另一位大师徐志摩更是因为常去武将王庚家蹭饭，硬是将人家老婆陆小曼也给蹭走了。

大师们的蹭饭故事如此风雅有趣，我们哪怕拾得三分便心满意足了。

你唾弃的，往往是别人想拥有的

小文原先在一家报社工作，后来辞职嫁人，在家做起了手工作坊，一边相夫教子，一边做一些精巧的手工皮包在淘宝和朋友圈售卖，生活过得悠闲自在。

一次聚会，她却说起当初辞职的原委，原来她是因为和领导闹情绪，一时气愤难平而辞职的。现在想想，虽然小日子过得不错，但多少有些遗憾。原本那也是自己喜欢的职业，说走就走了。

她笑着说：好羡慕你们，可以朝九晚五地上班，有能说上话的圈子。

这多少令人有些惊讶，要知道，小文当初辞职嫁人的举动非但没有让人觉得意外和沉重，反而更多的是艳羡。毕竟不是每个女人都可以这样任性地选择自己的生活。当小文说出怀念上班的日子，那些在江河日下的纸媒混沌度日的文字打工仔们，顿时觉得天昏地暗，乾坤颠倒！

无独有偶，在上海工作的小范夫妇，曾经是陆家嘴的高级白领，拿着几万的月薪，有足够的年假让他们去世界各地旅行。

正是一次旅行，让他们彻底改变了生活的初衷，他们开始向往做个背包客，去那些偏僻的小镇开一家客栈，过一种面朝大海春暖花开的诗意生活。打定主意后，他们双双辞职，离开了打拼多年的上海，带着几年的积蓄，去丽江开了一个客栈。

如今，他们的客栈做得倒也顺风顺水，但毕竟丽江的旅游资源已经饱和，那里也不再是一片宁静的天地。这多少令这对向往世外桃源的夫妻有点失望。可是，前路好走回头路却不好走。

他们经常在登记客人名单时，总有意无意地关注从上海过来的客人，和他们套近乎，似乎只有和他们聊天，才能找回往日的情怀，那种在快节奏下敲打的激烈心脏。

不知道从什么时候开始，我们的梦想开始奇迹般的变得一致，归根到底是社会压力太大，所有的人都想拥有一种闲适的生活。所以，有人开始逃离北上广，有人开始去他们心中的净土开疆放牧，有人骑行西藏，有人心向大理。各种游记，各种随笔心得，各种攻略，甚至还有小镇生活指南这样的书得以陆续出版。

可是，现实生活终究是琐碎的，谁也不能例外。当理想与现实的距离越来越远，就会形成巨大的心理落差。

仔细想想，有多少人原本就是从小镇出发，来到大城市。如今却又选择了异乡的小镇来缅怀故乡。这种自相矛盾，这种用离乡背井望眼欲川来获取诗意，以填补自己内心的虚妄与焦躁，原本就是自我逃避。若是贪念小镇和故土，何不回家看看面朝黄土背朝天的父母？！

曾经有人说：旅行，就是你心心念念想去一个别人厌倦的地方。而你所在的地方，那个你早已看不见风景的地方，又何尝不是别人朝思暮想渴望到达的彼岸和乐土。

你唾弃的，或许正是别人想拥有的。

都说婚姻是围城，其实生活本身就是一座围城。但也有两全其美的例子。

若不是一场车祸，聪仍然会坚持从前的日子。当初聪从一家名校毕业，回到家乡进了一家全国知名的律师事务所，经常要往返全世界几十个国家。在二十七岁的时候，结婚生子，妻子也是做律师的。

做律师虽然辛苦，但收入不菲，在他们所处的那个不算大的城市，早早便步入了中产阶层。所以聪让妻子放弃律师的工作，专心在家带孩子。妻子虽然有些不情愿，但看着聪坚决的

眼神，还是妥协了。两个人总要有一个为家庭多付出一些。

一切都好像命运安排的，忙碌而又富足。但四十岁那年的一场车祸，彻底改变了他的想法。那年，他去巴黎出差，走在街上的时候，一辆小轿车以狂飙的速度疾驰而来，让他躲闪不及。他能感觉到自己的身体在向空中飘去，那一刻，他的意识是清醒的，清醒到当自己的身体快要降落时，又感受到汽车向自己冲过来，再次将自己抛入空中。

直到他在医院苏醒过来，得到的答案竟然是：除了几处皮外伤，缝上几针外，竟然可以出院了。

他看着自己真的完好无损的样子，简直不敢相信，但现实摆在面前，由不得他不信。他连赔偿两个字都没提，便大摇大摆地出了医院大门。

他以为这不过是一场意外，但事实并不是他想象的那么简单。回国后，继续忙碌地工作，继续加班，直到有一天，他感觉到头痛欲裂，仿佛大脑有千万根针在扎在刺在来回地搅动。

他感觉自己快要崩溃了，一直以来，他以精力旺盛而著称，凡是大的官司事务所都会考虑到他，甚至他还业余编写着一本又一本的法律教材，以让更多的热爱法律专业的学生可以有所受益。

聪知道一定是那场该死的车祸带来的后遗症。自此以后，聪接二连三地感觉到头痛，有时候是在吃饭的时候，有时候是在上厕所的时候，有时候是在过马路的时候，有时候是在开车的时候。

妻子说，或许是太累了，年岁不饶人啊，要不休个假歇一歇吧。只有聪自己明白，到底发生了什么。

聪趁出差美国的机会，去看了心理医生和精神科的专家，医生告诉他，他的大脑并没有损失，但却因此而患上了一种奇怪的病症，在医学上叫 PTSD，俗称创伤后应激障碍。

也就是说，在他经历、目睹或遭遇到一个或多个涉及自身或他人的实际死亡，或受到残废的威胁或严重的受伤，或躯体完整性受到某种威胁后，所导致的个体延迟出现和持续存在的精神障碍。虽然世界上所统计的发病率屈指可数，但偏偏让聪遇上了。

聪一下子意识到自己已经不再是一个完全健康的人了，以前那个为了一个案子可以三天三夜不睡觉的大神已经消失了。现在他时常头痛，并伴以不思饮食的怪癖，整个人颓废了下来，身形日渐消瘦。

心理医生告诉他，要让自己慢下来，听听音乐，并让他在封闭的房间里，用耳机听大自然的声音，听鸟鸣的声音，听海浪的声音。但效果并不是很理想。

聪知道一切的治疗都不如自我疗愈来得更好。聪开始将满满的工作安排尽量缩减，而把足够的时间留给了自己，读书和跑步，他沿着海边跑步，耳机里回响着森林在风中摇摆的声音，他陶醉于这种简单而又充实的生活，仿佛一切都放空，灵魂归位。

这两年，聪的身体慢慢好转。他说，以前觉得忙碌才能给自己带来更好的生活，看着那些在海边闲逛林边遛鸟的人，我都替他们着急。现在想想，好生活来自于心境，而不是你拥有多少。

现在的聪精力充沛，除了做好律师的本职以外，还做一些文艺演出的策划活动，这让他从一个机械式的工作狂，变成了一个有文艺气息的大叔。这种改变，令他感觉重新找回了自己。

我们的一生会遭遇各种各样的意外，有的意外，只会让你变得颓废，一蹶不振；有的意外则会让你找到另一个自己，重获新生。

你想要的，可能别人并不稀罕；你唾弃的，或许正是别人想拥有的。最重要的是你要知道你是谁，你的抛弃和拥有，都是你自己的选择，患得患失只会让你身陷囹圄。没有一种生活是一成不变的，生命无常，只有一路上边走边唱，才会遇见真正的自己。

我们都被这个世界
　　温柔地爱过

青边给花草浇水边招待我坐下，我执意要离开，路还很遥远，我不能就此停下来。临上路的时候，我一只脚踩着脚踏板，脚踏板发出哗啦啦的声响，像停不下来的光阴。

当火车好像永远没有尽头地向前驶去，我才惊恐地发觉：穿过千山万水的，是你的身体，而你的心还在原地，在那个当初启程的地方。

如今我们天各一方，生活得像周围人一样

　　那时候我还在上海工作，经常要往返南京上海两地。

　　我是在南京火车站的人潮里发现韩的，他在排队买票的人堆里被挤得东倒西歪，焦头烂额。虽然过去那么多年，我还是能一眼认出他。当年，我们是连队里最耀眼的兵，一起训练，一起排练文艺作品，一起主持，一起领唱，一起在下着大雪的时候抬着一个大铝盆去营区外面的井里打水。

　　我们经常会仰面滑倒，然后哈哈大笑，好像青春就应该这样，不停地摔打摔打，就变得坚强了。

　　我穿过人群拍了一下他的肩。

　　他回头看见我，满脸的欣喜。原来他是要去杭州开会，那时候宁杭高铁还没开通，只能借道上海。他说时间已经来不及

了，前面还有那么多人，很可能买不到票了。我告诉他其实可以先上车后补票，这样就不用担心时间了。

经过一番折腾，他跟着我一起上了车，说起以前一起当兵的细节，都觉得恍若隔世，又仿佛还在眼前。当年的韩被战友们戏谑为"孩儿面"，因为他长得眉清目秀，皮肤又吹弹可破。于是，经常有人边捏着他的脸边跟他开玩笑说是不是抹了孩儿面。现在的他已人近中年，脸上布满了雀斑，左侧脸上更是有了一块很大的伤疤。

他说退伍前和一位长春的姑娘结了婚，因为不适应东北的生活，还是回到了南方，在小城的一个工厂里当上了技术人员，有了一个可爱的孩子，家里也在翻新房子。

他家我是去过的，那是很多年前，我刚刚从原来的部队被调往别的部队，韩通过休假的机会打听到我也正在休假，便打电话约我去玩。他家在一个古镇上，古镇完整保留了明清时期的建筑，白墙黛瓦，家家都有栽满绿植的院落，连排水系统都缜密有加。每家每户的房屋周围都有一个水渠，不时流着清冽的泉水。

那时候韩的父亲已经因病去世，母亲也身患顽疾，经常坐在门前的长椅上不停地大喘气。他家的房子可能是镇上最差的，四处黑乎乎的，只有窄小的窗户里投射进来的一点阳光，才能看清家中简陋的摆设。韩告诉我，因为父母的病，家里已经入不敷出，唯一的经济支柱是在上海远洋海轮上打工的哥哥。

前几年母亲病重，本来想留在长春的他，不得不回家。后来，干脆就没再回长春，在家门口找了份工作，糊口养家。

一晃火车就到了上海，我们在车站的月台分别。他笑着说，时间过得太快了，我们还没聊够呢，火车就到了终点。下次不知道什么时候才能再见。

事实如他所说，我们再没有见面。

如同他在路上提到的那些战友，我们都在记忆里为对方保留了一个角落，但却早已不知对方的下落。

比如老金，那个曾经班里最优秀的家伙，他总是出口成章，表达一件事情时总是用成语来诠释，一度大家非常讨厌他，觉得他过于炫弄文采，其实是年轻气盛心生嫉妒。最要命的是他还是我们班里经常被表扬的人物，特别是站队列时，队长经常会夸他是班里唯一站得挺直的，像个军人的样子，将来一定是个当将军的料。

那时候，大家都是衣薄少年，吃再多也经不起超强度的训练，一个个都清汤挂面似的，哪有什么胸肌可挺。后来，老金转业回到呼和浩特，在银行工作。偶尔有次联系上了，他早已没有去时的意气风发，也不再妙语连珠，而是有一搭没一搭地说着工作和孩子，并且学会了攀比和炫耀，一度让我对照起他当年的样子。

再比如浩子，那个东北的质朴男孩，因为功课底子薄，军事素质一般，常常被大家忽视。直到离别的时候，我们坐上了同一趟军列。车上，我们都没有说话，只是像两个太过于熟稔的人，不需要说太多，便知道对方在想什么。转眼各自到了目的地，却发现有太多的话没有说。

虽然后来我们经常通电话，他告诉我自己还在做老本行：修坦克。

也是通过他，我知道了其他一些战友的下落。有一年，他去北京进修，给我寄了厚厚的一叠相片，那是他在天安门、故宫等地的留影。

他说，在班里的时候，我是最照顾他的，那时候他很自卑，若不是我鼓励他，他不会有今天。他是在东北一个小城里长大的孩子，属于天资不算聪颖的人，甚至一辈子都没想过会入关去祖国的心脏看一看。如今，这些愿望都实现了。

照片上，他笑得很爽朗很自信，一点没有当初少年惨白的颜色。再后来，我回了南方，便与他失去了联系。

还有，来自苏北的两位老乡，他们是在我到机关工作后认识的。

那时他们在车队开车，因为经常出车的便利，其中的小管便在外面认识了一个女孩子，那个女孩家境优越，因为是单亲家庭，从小由在一家著名医院做主任医师的母亲抚养长大，备受宠爱。他们很相爱，这从小管每次回来的表情可以看出来。但好景不长，在女孩将小管带回家的那天，遭遇到了小管尝到爱情甜蜜以来最大的挫败，女孩的母亲将他推出门外，说如果女孩再和小管在一起，就断绝母女关系。

这种只有在电视剧里才能看到的情节，突然发生在自己身上，小管一下子无法接受，男人的自尊心迫使他摔门而出，无论女孩如何劝解，都不想再回头。后来小管和另外一个女孩结了婚，但始终忘不了曾经喜欢的那个女孩。

另外一位老乡叫大龙。他是那种少有的厚道人，喜欢像个大哥一样照拂身边的人。很多老乡的聚会都是他一手安排促成，并在众多老乡间起了桥梁的作用。隔三岔五他会来机关找我，聊的多是家乡的话题，还有小管们的恋爱故事。那时候，有太多的时间可以浪费，胡吹海侃成了家常便饭。

大龙也认识了当地的一位姑娘，那位姑娘是个孤儿，但很积极向上，在上班的同时，备考着高级会计师的职称。大龙后来一直跟我保持着联系，会盯着问我和哪个女孩恋爱了，有没有结婚，要孩子了没有。

而他自己，却一直生活在遥远寒冷的北方，只有在给我打电话时，才会想起我们有次在营区外面的烧烤店里，喝得酩酊大醉，说将来一定要回到南方，回到那个四季分明，可以看见满山遍野油菜花的地方。

有时候做梦，会梦见一些从未去过的地方，但梦境里的人大抵是似曾相识的。

或许，正是这些曾经在生活里经过的人，带你去了他的家乡，或者他现在生活的地方。所以，梦里的事物才那么陌生，而话语又那么熟悉。

我们的生命里，无时无刻不在进行着朋友的换血，因为工作，因为离开，因为恋爱，因为出差，甚至因为一次短暂的旅行，我们认识了太多太多的人，他们有些已经在记忆里消失，有些则会在午夜梦回时想起。

如今，我们或许都天各一方，生活得和周围的人没什么两样。可当初的豪言壮语犹在耳边，青春的梦想还未走远。而我们已人到中年，有太多无法改变的现实，最终淹没了我们荒诞而又亮丽的初衷。

和火车有关的记忆

在青春期很长的一段时间里，我似乎都是一个人度过的，准确地说，是与电影度过的。因为在那看似一个个漫长又难熬的暑假，我待在只有奶奶叫我吃饭才会离开的房间里，一部接一部地看着一些我并不能完全看懂的电影。

比如梅里尔·斯特里普早期的代表作《坠入情网》，尼古拉斯·凯奇作为男二的《鸟人》，早早地让我知道，在遥远的海洋对面的那个国度，并不是我们的教科书上所说的那样，充满了罪恶、色情、乱伦以及极端的种族歧视。相反，我更多地看到了爱情这种东西，在那片陌生的国土里演绎得如此珍贵。

当然，我看得最多的还是二战电影，从小就看惯了高大全的战争电影，对于西方影人眼里的二战电影便有种无法理解的神秘与好奇。

当我一部部看下来，竟然被吸引住了。电影里除了战争对于人类的残酷和对人性的剥裂，更多的是电影里那些唯美的爱情和画面。当火车载着心爱的军官轰隆隆远去，佳人站在月台张望，伸出去的手迟迟不肯放下。那种情感放到现在，怕是极难寻觅了。

当多少年后，姜文频频用火车表达他的电影美学，他让主人公一次又一次将情节发展到火车上，仿佛火车承载了一切浪漫和罪恶的元素，是那样杂糅又相得益彰。

也是从那时候起，便对火车有了某种向往。

因为生活在离火车有些距离的地方，连听到一声汽笛的鸣叫都很奢侈。我的姨父，那个曾经在北京当铁道兵的退役军人，他不止一次地向我描述当年坐火车的情形，他说，他需要从城南坐公交到城北，再到下关码头，过了江，到浦口，排在拥挤的人群里买到一张去往北方的票后，再挤在人群里上了火车。

火车上充满了各种刺鼻而又熟悉的气味，有方便面的味道，有香辣鸭脖的味道，有香干瓜子的味道，有臭脚丫的味道，更有两头厕所飘出来的粪便的味道。他描述这些的时候，是有画面感的，仿佛他又回到了当年意气风发的年代，他穿着一身绿军装，脖前的红领章鲜艳如血，他背着背包，穿过人群，来到属于他的座位上。那里已经挤满了人，甚至连座位下面都躺满了人。

那些疲劳过度的面孔，透着善良也透着耍小聪明后的"奸滑"，他们会为自己找到了一个栖身之地而沾沾自喜。姨父每次讲完这些，都表示出一种无奈和遗憾，他当初因为姨妈坚持让他转业，而不得不回到了南方。

所以，当得知我要参军的消息，他便一次次地向我兜售起他当年的旅途经验。虽然时过境迁，他所说的可能对我已经毫无用处。

我穿上绿军装的那天，也是我终于第一次踏上火车的那一天。当那列火车无止境地向北驶去，我才明白，当你终于拥有你一直以来向往的东西时，竟然是用离别作为代价的。

火车穿过了苏北平原、皖北平原、华北平原，过了山海关，再越过辽南、吉林，直到眼前出现一片皑皑白雪覆盖的世界，火车仍然没有停下来。

是的，那场必须要走完的旅程，让我从刚上车的欣喜，到茫然，直到开始恐慌。我从不否认，我天生对文艺的向往，而火车又是那个可以承载得恰到好处的物体。

但是，当火车好像永远没有尽头地向前驶去，我才惊恐地发觉：穿过千山万水的，是你的身体，而你的心还在原地，在那个当初启程的地方。

我用将近一年的时间来学会成长，学会忘记，学会独自坚强，却仍然不能适应远方的生活。虽然，在无数个寂静的夜晚，当熄灯号过后，躺在床上，听着远处列车的轰鸣，那一声长长的汽笛声，像可以撕裂黑夜的魔爪。

我不止一次请假外出去火车站，不为别的，只为在外面看看，看哪一辆列车，是从南方而来，好像车门一开，就能嗅到家乡的气息。

后来，我终于迎来人生的第一次休假，我满心欢喜地踏上了回家的旅程，在长达近四十个小时的路途里，我竟然无法合眼，我趴在窗口，盯着外面的景色，生怕一闭眼就会错过什么。

火车穿过丛林，田野，城市，群山，隧道，直到车窗外面的空气开始湿润起来，我知道，我又回来了，那些熟悉的景物，那些我曾经唾弃想要离开的人和事，都一下子变得亲切起来。

其实这里，并没有太大的变化，只不过已经离开太久了，都忘了自己的面孔与这座城市的相濡以沫。因为，在那么长的时间里，你已经有了另一座新欢的城市，你早已习惯那里的空气，喜欢在那里宣泄自己的喜怒哀乐。

再后来，我无数次坐火车，从这个城市到那一个城市，但无论去往哪个城市，我都对火车充满了新鲜感，都认定那必是一场全新的旅行。

就像《立春》里黄四宝说的那样：我一看有人提着包离开这个城市，别管他去哪，我都很羡慕。

那一刻，我是羡慕自己的，我甚至看着月台上送别的人群，会产生鄙夷和扬扬自得。仿佛，我是去见一个久未谋面的爱人，或者去迎接一场加冕的盛典。

是的，火车承载了你的远方，也将远方变成你的另一个故乡。让你学会了一种叫思念的感情，并为此奔波一生。

路痴的少年

有些生活过的城市，一直没有勇气再回去。有些因为爱情，有些因为青春。

常州就是这样一个城市，虽然我只在那里待了不足一年，准确地说只有半年多一点。当时选择去这样一个与自己相关度实在太低的城市，是因为年少轻狂，一时赌气，想象着自己能够独立了，再也不受父母管束了，可以做一切自己想做的事情了。

于是那年春天，我没有参加高考，一个人跑到常州城北接近开发区的地方住了下来。现在回想起来，那段日子竟然是自己最自由也是最狂放的岁月。每天除了去一家工厂上半天班，就是骑着自行车四处游荡。

因为孤单，就整天整夜地听收音机，听里面DJ娓娓地低诉，听里面的音乐缓缓流淌，就连那些广告都显得异常热闹。耳机似乎成了我最贴身最形影不离的朋友。

有时候，我会给电台写信，也参与一些互动节目，去市中心领奖，顺便去理一个杀马特的发型。也是因为这些活动，开始骑着车往市区乃至更远的地方去。

我骑着车沿着通江路一路南下，到怀德路，经常柴厂，去亚细亚影城，去东坡公园，去南大街，去当时运河边保留得还非常好的古民居群落，然后再沿着密匝匝的梧桐树一路向前，向前，直到发现自己快要出城了，心里开始恐慌起来。

天色渐暗，路边的人群并未因此渐少，好多人下班回家，也有好多人开始出来觅食，路灯也渐渐亮了起来。我这才发现自己走错方向了，本来，我是想过了东坡公园折回到火车站，然后北上回家。结果却渐行渐远，问路人才知道，快要到达武进湖塘地界了。

只好原路折回，骑到家的时候，已是午夜时分，路上已经没有多少车辆，也没什么行人，直到开发区的地方，被一家三口拦住了去路。

出门在外，那还是我第一次碰见这样的一家人，一个中年男子和一个中年女子，男子抱着小孩站在不远处，女子走过来拦住我，说："行行好，我们在路上丢了钱包，没法回家了，能不能给我们点钱。"

可是，我身上除了一部小小的收音机和耳机，也没带钱，自己也早已饿得饥肠辘辘。

我有些可怜他们，却又无可奈何，只好跟他们解释，然后带着心里隐隐的痛匆匆侧身绝尘而去。

多年后，路上遇到这样的人多了，知道他们可能是骗子，如果当时我身上有钱，我一定也会给他们的吧。

后来，我把骑车的范围扩大了，不再局限于城区，我风尘

仆仆地从城北出发，去无锡去苏州去常熟去江阴，去一切自己能坚持的骑行范围。因为怕迷路，我身上除了收音机，又多了一张地图，我把地图折成几折，夹在车把手那里，遇到岔道就拿出来翻看一下，那个夏天，我竟然骑了那么多地方。

直到秋意渐浓，看到附近河海大学里的学生开学了，他们稚气的脸和我没什么两样，心里有些莫名的酸，眼睛里涩涩的，我想一定是我骑得太久了，进了沙子。我揉了揉眼睛，将车停好，拐进了一家校门口的书店。

书店老板瞥了我一眼，说：小帅哥，你是刚来的新生吧？

像个好学生的样子。

我一时语塞，手上拿着的书掉在了地上。

书店老板哈哈大笑起来，说：刚出来的孩子，好好上学哦。我把书捡起来塞回到书架上，慌不择路地冲了出去。

那年的秋天一点也不凉，我仍然骑着车在路上游荡。我看到谁家贴了红喜字，谁家嫁了姑娘，谁家买了摩托车，谁家老人故去。

我看到隔壁经常盯着我看的女孩去外地上学了；我看到工厂里喜欢我的姑娘跟别人订了婚；我看到那个中年大叔总是站在路边对着马路撒尿，害得路过的女孩惊声尖叫；我看到房东老太太又指责我回家晚了；我看到房间里又有厂里的大姐送来的新鲜水果和蔬菜。

他们像风景一样在我的骑行中向后倒去，倒成了一个个故事，一个个回忆。直到有一天很晚了，我骑着车回来，夜风轻拂，我越骑越快，越骑越快，突然自行车就像撞到了一堵墙，瞬间停了下来，而我却因为惯性飞了出去。

许久，我才醒了过来，那段没有知觉的时间一定是上帝把我带走了，不然我不会飞起来。等我落地的时候，全身血肉模糊，耳边仿佛是母亲的叮咛："你呀，就是身体太弱，在外面要小心。"

那次，我竟然没有一点害怕，我没有求救，没有看医生，没有打电话告诉远方的亲人。我默默地在床上躺了三天，等我再次下地的时候，我感觉自己长大了。

少年锦时

我们这一辈子会遇见多少人，又有多少人在我们的生命里出现，又忽然地消失。也许你不信，这世界上真的有人会突然消失，然后又在某年某月某日的某个时刻突然出现在你的面前。

要不是那次回家探亲的骑行，或许我永远也不会再见到青了。青是我初中的同学，我们相处的时间不过半年他就退学了，后来便音信全无。

那年夏天，我骑着车沿着郊区一条林荫大道行进的时候，青突然从路边出现了，他告诉他家就在那里，他带我参观房前屋后种的那些绿植还有花草，他还是那么喜欢花鸟虫鱼，像上学的时候一样。他告诉我，要不是在城里上班，家里也会养一些小动物的，实在无暇照顾，便只好作罢。

我们开始聊上学时候的趣事，就像发生在昨天一样。但显然，青的额头已经没有那时候的光洁，笑容也不再阳光，多了些生活强行赋予的艰涩。是啊，谁敢与岁月为敌呢？在时间面前，我们都是失败者。

暑假过后，我被老师分到了那个班级，因为上学期生了一场奇怪的病，不得不休学，然后转学插班到了这个学校。

我清晰地记得学校的围墙很高，高到像宫墙像监狱，高到连夏天的风都难以吹进来。好在学校的院子里有密密匝匝的老梧桐树，宽大的叶子可以给予我们一些阴凉。

刚入学的时候，我极不适应，经常在课间和午休的时候，盯着窗外的树叶发呆，仿佛那里装着另一个世界，神秘而又空洞。即将进入青春期的人是多思多虑的，但没有人会理会你。

青就是在这个时候出现在我面前的，他面庞清俊，明眸皓齿，用现在的话来说就是典型的小鲜肉，他满面笑容地出现在我的面前，就像佳洁士广告里的小男生。

午休的时候，他笑着说我带你去一个地方吧，我跟着他跑了出去，穿过学校硕大的铁门，朝远处跑去，很快，我们到了一片杉树林，杉树林异常的茂密，里面也夹杂着其他一些树种，比如松树、柏树，还有一些白杨和泡桐。走得深了，阳光似乎也不见了，里面黑乎乎的。青一直往里面跑，直到我们都气喘吁吁，他才停了下来，指着地上的一个草窝说：你看。

我下意识低下头，发现草丛里是一窝红彤彤的东西，那是一群初生的鲜活肉体，准确地说是一窝小老鼠，那些还透着红润光泽的小生命在草窝里耸动着。我胃中一阵翻涌，本能地后退了几步，直到撞到一棵树上。我双手扶到树上，感觉手中有些黏黏的。我一下子觉得糟透了，感觉受到了羞辱。但青却半蹲在地上笑了起来，他笑得上气不接下气，露出洁白的牙齿。

我有些生气地说："你够了，我不想再看到这种恶心的东西。"

青意识到我是真的生气了，便停止了狂笑，说："你手里是不是摸到了什么？"

我点点头。

他说："这是松香，这种东西还可以当蜡烛用呢，既能照明又能取暖，到了冬天你就知道了。"

我从树上将那团黏黏的白色状物剥了下来，放到鼻尖闻了闻，果然有一些淡淡的清香。

青说："你可以多剥一些下来，冬天的时候点燃它们，一定会又漂亮又暖和。"他边说着边在树上不停地剥起了松香。

就是从那天开始，我们成了朋友，也是从那天我才知道，那些小老鼠才是他真正的朋友，他并没有觉得那些小生命是人类的天敌，而是隔三岔五地去看它们，甚至还会带一些食物过去。在我看来这种事简直太不可思议了。但他一直这样坚持着。

慢慢地，我适应了学校的生活，成绩也开始好了起来。老师也开始对我刮目相看，经常让我代表班级参加学校的一些知识竞赛、作文比赛、书画比赛等。青似乎对这些并不感兴趣，他仍然每天往杉树林跑，他像活在自己的世界里，学习已然不那么重要。

青是那么喜欢大自然，他不但会带我去杉树林去剥松香，还会带我去河边的一片银杏林，入秋后的银杏林一片金黄，青摘下一片放到我的手中说，你可以拿回去当书签。然后他又奔跑了出去，回头大喊："你快来看，猫头鹰，这里有猫头鹰。"

我顺着他的方向望去，一棵银杏的枝头真的停栖着一只猫头鹰，那只猫头鹰个头并不大，正呆呆地望着我们。

青说："猫头鹰是有灵性的，一般只有夜里才会出现，我们不要惊动它，不然它会去杉树林吃了那些小家伙。"青说这话的时候，神神秘秘的，好像有某种预兆似的。

相处久了，我才发现青其实并没有什么朋友，他的朋友是那些树、那些叶子、那些鸟类和小动物。他经常奔跑在大地上、树林里还有秋天的风中。他把松香、银杏都给了我，好像这些与他无关，又好像他自己就是它们的一部分。

青的成绩一直不好，但植物学和动物学的课程却听得非常认真。也许，他就是为大自然而生的。

冬天到了，同学们都相约着上街买帽子手套，青有些迟疑，说："我们可以用松香取暖啊。"

街上人并不多，我们穿过一条条巷子，像穿过一条条阴暗荒凉的河流。直到在一个商场的拐角处，青突然停止了脚步，他的眼神停留在前面一个摆地摊的人身上，那是个个头很矮小的中年人，穿着一身破旧的蓝色卡其布衣服，衣服很旧了，甚至有些地方有了破洞。他佝偻着腰蹲在地上，面前是一张同样破旧的编织袋，上面放着一些类似方便面调料包的小东西。青眼睛直直地看着那个人，然后忽然掉转身，朝后跑去。我大声想喊住他，但他一眨眼工夫就不见了。

前面的同学回头看着青远去的身影，有的沉默不语，有的嘴角发出轻蔑的笑。但还是有同学说出了真相，那个中年人是他的父亲，摊位上摆放的其实是老鼠药，而他的母亲因为精神失常也失去了劳动力。

我突然明白为什么青是那样的不合群，那么爱那些不具攻击性的植物，那么想要去保护那些落荒的小老鼠。

他从不回答老师提出的问题，也不和同学有任何学习上的交流，他总是和我当初那样，望着窗外的树叶发呆，偶尔一只鸟儿飞过，也能让他半晌回不过神来。或许就是因为我也有过这样的目光，才让他觉得我可能会成为他的朋友。

那年的冬天非常的寒冷，还未到放寒假的日子，湖面上已经结了厚厚的冰，这在江南是十分罕见的。青经常在课间休息时跑到湖边敲一些冰块回来，放在路边，再点上松香，看着冰块一点点在松香的暖意里融化，然后笑得前仰后合。

他说："你看，你快看，冰融化了，松香是不是可以取暖？"

临近期末考试，班主任开始找同学们轮流谈话。我们看着同学们一个个从教室离开，每个人回来的表情都不一样，仿佛刚刚经历过一场拷问，有的释然，有的困惑，有的振奋，有的颓唐。但我们还那么年轻啊，又有多少人会懂得少年的愁从何而来，恰恰可能就是因为这些不经意的一次谈话，一个眼神，我们便茶饭不思，夜不能寐。

自从那次谈话后，青便消失了，第二天他的座位便空空如也。他像冬天的候鸟一样飞走了。

青边给花草浇水便招待我坐下，说要留我吃饭，我执意要离开，骑行刚刚开始，路还很遥远，我不能就此停下来。临上路的时候，我一只脚踩着脚踏板，脚踏板发出哗啦啦的声响，像停不下来的光阴。

我问他："青，你当时为什么要退学？"

青先是摇了摇头，说："你也知道我家的情况，而且班主任找我谈过话，让我不要和你在一起玩，怕影响到你学习。我觉得这样上下去也没什么意思了。"

我不知道是怎样离开青的家的，我像个被打败的拳手鼻青脸肿仓皇而去。

前面的路曲折而又漫长，我们谁也不知道下一个目的地是哪里，我们又将去向何方。但有些人是注定会被改变航向的，有时候在命运面前，我们就是这样无能为力。

人生就是一场修行

记得刚回南京时的一次聚会，一位年长者对我说："你把自己拧得太紧了，像发条一样。放松点，打开自己，去一些未知的旅途，寻找真实的自己。"

当时的我一脸茫然，一直以来，我并没有真正审视过自己，是过于紧张了，还是变得从容了。

但有些事就是当局者迷，在外人眼里的那个自己，或许却是最真实的。你的言行，你的举动，你不经意流露出的眼神，或许都会成为别人判断你此刻心情的证据。

后来想想那句类似告诫的话，虽然那么像心灵鸡汤，但对当时的我来说却异常受用。

因为我们一直以为只有自己才最懂自己，却不知那些随时击中你的话，是出自那些与你只有一面之缘的人。

曾经认识一个台湾男孩，他叫徐笙竣。徐笙竣经常会在微博上艾特一些朋友，其中包括我。随时汇报自己现在到了哪里，见到了什么，他会拍一张自己的照片，背景有时候是西藏，有时候是新疆，有时候是在一望无垠的内蒙古大草原。

每一张照片上，他都报以灿烂的笑，而无法令人想象他是一个白血病患者。

曾几何时，上天对我们的生命开了个玩笑，在年轻生命奔跑的旅途上给予重重的一击，本来是挥洒青春汗水的年纪，却必须与病魔对抗，在生死一瞬间与死神勇敢说我要活下去。

我还记得他有一次做自己的旅行分享会，我去看望他，他一口一个老师的叫着，十分的谦逊。他介绍自己的家乡，那是一个在台湾来说相对偏远也相对落后的地方，但十分的美丽，那个地方叫白河，在台湾的南部。

他发现自己患白血病时才十九岁，还是自己拔智齿时才发现的。这犹如晴天霹雳，让他一时难以接受。谁都知道白血病是不治之症，甚至已经有殡葬业者到病床前递名片了。

"有种被诅咒的感觉，心情真是糟透了。"他当时这样想。

那一年，他做了七次化疗，十五次骨髓穿刺，六次腰椎穿刺，在注射了大量激素药物后，体重一下子飙升至七十多公斤，变得极为臃肿。

还好，他从小就喜欢运动，他想着或许通过锻炼能让身体有所恢复，哪怕能多活几年也是好的。但身体机能和肌肉的严重衰退，让他连爬个楼都觉得费劲。

也就是从那时候开始，他尝试用单车骑行，先是从家乡台南骑到了最南端的垦丁，接着又开始尝试环岛旅行，在首次环岛 912 公里后，他连续三年每年环岛一次。

从 2011 年起，徐笙竣开始踏足祖国大陆，用十四个月的时间，骑行云贵川北高原、甘肃丝绸之路、巴丹吉林沙漠、川藏青新公路、塔克拉玛干沙漠、东北三省……几乎走遍了大半个中国。

"当我无法决定生命的长度时，我应当决定生命的宽度。我要用车轮去丈量大地，体会生命意义。"徐笙竣说。

2015 年的夏天，他的新书《世界在我脚下》在台湾上市，向世人昭示，只要认定自己，给自己足够的信念，就不怕任何艰难坎坷，生命的长度就此被拉长。

徐笙竣或许是个特例，不是每个人都可以像他那样，可以与死神搏斗。但我们起码可以学会相信自己，发现自己，在任何的时候，都不要放弃自己。

一年又一年，当想象着自己还有张青春不老的脸时，却发现自己已经好久没有照过镜子。镜子中的自己早已不是以前的少年，而少年时的梦想又有几件已经实现？

走过的路就像丢弃的玉米，你再也捡不回来。在前行的路上，你永远是一个饥饿者，并且要保持饥饿的状态，这样，你才有动力和信心，去寻找食物。

时间像个老者，教会我们太多太多，你以为你的情商提高了，却发现智力并未跟上，你以为自己的努力够了，却发现好多事并不是靠单打独斗就可以解决的。世上有千条路，你选择了，就要义无反顾，但世上也有千种行路的办法，选择对了自然会奋蹄直追，选错只会南辕北辙。

如果，生活给了你劫难，那也是因为上帝觉得你太懦弱，以此来考验你，这算不算是一场修行？

做一个逃避的人比做一个迎难而上的人容易的多，但逃避就注定停滞不前，而路一直在你的面前铺展，你走不走，都会老的，只是不要老成自己讨厌的样子。

两个偷书的男孩

我一直对承诺持怀疑态度，无论谁的承诺，我都会不置可否，或者就当什么也没发生。生活中的承诺太多了，特别是这年头，承诺就像"你好""谢谢""再见"一样，变得廉价，变得一文不值。如果突然有人找到你，问你为什么没有遵守承诺，你大可不必上心，也不必为此懊恼，因为他可能也是这样的人。

而我对承诺的不信任，缘自小时候的一件事，大凡小时候对自己伤害比较大的事情，往往一辈子也记得，忘不了，像一道烙印，永远刻在你的眉心、额头，无时无刻不在提醒着你。

前事不忘后事之师，一朝被蛇咬十年怕井绳，所有的谚语都在告诉我们，之前的伤痕，可能需要一辈子来修复，或许永远也修复不了。

那年夏天，准确地说是暑假，每年的暑假都异常无聊，因为计划生育的原因，到我们这代人，小孩子呈几何级递减，仿佛隐形了消失了，身边的玩伴寥寥无几。所以，我们几乎不可能跟同龄人一起玩耍，要么比自己小几岁，要么大几岁，同龄的小孩要么不熟识，要么住得太远。

于是，那几个暑假，我都是跟着桂一起度过的。桂是母亲结拜姐妹的儿子，大我两岁，从某种程度上，我得叫他哥哥，但我没有，一直叫他桂。之所以这样，是因为我的自尊心从小就强，才不会因为一个比我大两岁的孩子，就得叫他哥或者姐。

那时候我还在上小学，大约四五年级的样子，他已经上初中了。那几个暑假，我一直跟着他，玩遍了那个年纪孩子该玩的所有事情。我们一起跑得远远的，去挖蚯蚓，去钓鱼，用大人给的笼子去抓黄鳝，取笑挖苦那个全身脏透了的乞丐，共同对某个女孩的私处充满幻想……

总之，跟他在一起，我都是像个跟班的样子，跟在他的后面，虽然那些事情我并不喜欢，但我没得选择。比如钓鱼，我从没有耐心坐在烈日的树荫下几个小时动也不动，一条鱼也钓不上来，也不喜欢掀开泥坯去捉那黏糊糊左摆右拧的蚯蚓，更不喜欢他抓着我的鸡鸡和他"拼刺刀"，我觉得无聊透了。

直到有一次，他带着我千里迢迢深夜里去收抓黄鳝的笼子，当我们打开笼子时，发现里面躺着一条巨大无比的毒蛇，我吓得魂飞魄散逃之夭夭，他却立在原地捧腹大笑。

我发誓，再也不跟他一起玩了，跟他在一起，我只会越发没有自尊心。

但有一件事，我还是喜欢的，就是看书，虽然他家没有什么书，他也不喜欢看书，甚至都不爱学习，他的母亲有一次气得用菜刀逼他学习都无功而返。所以，我跟他在一起，几乎是不做任何与学习有关的事，我们永远想着怎么"偷鸡摸狗""翻墙越篱"，周边人家院子里的枣子、桃子、梨和遥远田野里的甘蔗和西瓜，几乎都被我们偷遍了，每次都有大难临头的感觉，但每次都幸免于难，我们总是能侥幸地逃过主人的目光或者追杀。

有一次，我们路过学校，所有的学校似乎都喜欢在暑期翻新房子，拆掉一些旧房子，也盖一些新房子，我们学校也不例外。我们路过的时候，发现学校的有些房子已经倒了，残垣断壁的惨象一点也不像上学期人头攒动的样子，那里曾经是我们学习和玩耍的地方，现在变得杂草丛生，一片荒芜。

但没关系，到了九月一日，这里自然会恢复成原来的样子，甚至比原来的样子更漂亮更整洁。

我们终究没有逃过好奇心，小心翼翼地拨开杂草，推开已经没有窗户的洞口，钻了进去，那是一间储藏室，也可能是一间图书室，因为里面堆满了各种各样的图书。我的眼前一亮，因为那里除了一些课外读物以外，还有好多像《大众电影》《流行音乐》之类的杂志，这些都是我最喜欢的。从小学一年级开始，我就不厌其烦地一遍又一遍在外婆家翻阅这些杂志。

我抑制不住内心的激动，蹲下身翻看起来。

桂说："这都没人要了，要么我们带一些走吧，总不能一直在这里看下去。"

我点点头，表示应允。心想这房子这么破了，这些书到暑假过后，说不定都被雨水浸烂了，太可惜了。桂从墙角找到一只编织袋，我们将自己喜欢的特别是我喜欢的书都装进了编织袋里，从窗口爬了出去。

回到家里，我把装满图书的编织袋放在写字台下，一有空就拿几本出来翻看，总觉得那些书里蕴藏着无数的宝藏，怎么也读不完看不够。甚至有一次，一个同学路过我家，我还拿出几本向他炫耀。虽然他也不是那么爱读书，但还是一下子被这么多种类的书惊到了。

开学没多久，班主任就把我叫到了办公室。说："你老实交代，图书室里的书是谁偷的？"

我一时如五雷轰顶，那个烈日炎炎的夏日，整个校园都空荡荡的，空的像无影灯下的手术室，我们被发现了吗？

班主任又说带你偷书的人自己都交代了，你就老实说你有没有偷，为什么要偷。

我沉默不语，桂已经都说出去了吗？我被出卖了吗？他为什么要这么做？又是谁出卖的他呢？当时内心还存有一丝侥幸，或许班主任只是要追查这件事情，并不一定知道就是我们拿的那些书。

班主任最后说："如果你还不老实交代，我就通知你的父母了。"

我只好吞吞吐吐地将事情原委说了出来，说自己是真的爱那些书。

班主任说："你喜欢也不能偷书啊，你是老实孩子，我知道是有人带你去的，你回去吧，好好检讨自己。"

我不知道自己是怎样离开班主任办公室的，只记得自己脸上像被用刷子刷过一样，火辣辣的疼。晚上放学我绕开了桂的教室，一个人独自回家了。一天两天过去了，我一直躲着桂，不想见他，整个人变得郁郁寡欢，茶饭不思。母亲问我怎么了我也不解释，一个出卖了我的人，我还有必要再和他做朋友吗？他不配。

一年两年过去了，我们升学离校，几乎不再见面，五年十年过去了，他当了警察，我参军入伍，我们像预约好的一样，一起对"小偷"这个词做了背叛，我们用自己的行动和身份在证明自己不是"小偷"。

十年二十年过去了，我们的关系似乎也没得到多少缓和，偶尔碰到也只是点点头，像一个曾经熟识的邻居或者旧友，我们谁也没解开过那个结。直到现在，我们也不知道是谁出卖了谁，是谁先向老师"老实交代"，又是谁向老师告发了我们的"罪行"。

多少年以后，我会想是不是那个路过我家的同学，或者那天的烈日下也藏着一双我们看不见的眼睛，又或者那个暑假桂也曾带着同学去他的家，也向同学炫耀了自己得来的这些好书。

有些事情是不需要答案的，因为时间就是答案。只是，有些伤痕是痊愈不了的。比如，我对当年班主任批斗似的审问永怀恨意，她让一个年纪幼小的孩子从此背负着"小偷"的罪名和阴影；我对桂的不解释抱以不解，他当年见我生气怨恨不见他躲避他，完全可以向我做出解释。

当然，那时候的他也是个孩子，甚至也不知道是谁出卖了他。

因为这件事，我对承诺有了戒心，任何的承诺在我眼里都是草稿纸，是没有加盖公章的口头约定，也许，有一天，我也会突然开窍，会把承诺当成一种心理的慰藉，而不是如信仰般的崇敬。

也许没有也许，因为我们都在慢慢地变老，变得一切都不再重要。

十天，十年

十天，或许只能展开回忆，但十年，真的能改变太多太多。在北京的十天里，我游荡于北京的大街小巷胡同院落，试图寻找什么，又试图想摆脱什么。所有的物是人非，都是流年里闪烁而过的目光。人是最善忘的动物，你走着走着，就忘了后面的路。

而这次，我用十天去还原十年，还原内心遥远的记忆。

马甸北，马甸南

再次来到马甸，竟然是十年后了，这里的变化似乎不大，也许房子比以前老一些了，但因为出过新，所以也看不出来有什么不一样。只不过那时候从没有认真地端详一下周边的景物，而这次，我有足够的时间可以让自己像一棵树一样，伫立在那里，和它们成为一样的风景。

来之前听说要住在马甸，心情就无比激动，毕竟那里是自己曾经工作过的地方，虽然短暂了些，但多少是有些感情的，甚至有时候会想，或许能在路上遇见当年的同事。

那个说话有条理表达很顺畅对人很热情喜欢管闲事显得情商很高的扈大姐，当时北京有一家有名的百盛商场，每次下班，她都会强调我不能跟你们一块儿走了，我得去百盛。脸上洋溢着幸福和满足的神情，有那么一点点外地人所没有的优越感。

那个信仰佛教总是在中午吃饭的时候喋喋不休地谴责同事不应该吃这个不应该吃那个，然后所有人都在背后说她其实也吃荤的女同事，她的语速超快，人长得奇瘦无比，每次说话，就像开机关枪一样，哒哒哒，现在能跟她有一拼的也许只有浙江卫视那个长得丑普通话很差但依然能红的男主持了。

还有北漂女孩琪，有次很无聊用她的手机号添加微信朋友，发现她的号竟然一直都没有变，只不过她的头像换成了一个小女孩的照片，她当妈妈了。当年她从一家酒店跳槽过来，稍显风尘的脸上却显露出其他人少有的单纯和笨拙，在我离开马甸后不久，她也离开了，只不过她继续留在了北京，而我去了上海……

这时候，北京的阳光很好，天很蓝，蓝得就像一面镜子，能映照出十年前每个人的样子。

鼓楼东，草厂胡同

依然坐5路车到地安门大街，这里竟然还在修，当年的地安门商场因为太高太现代被降了两层，改造成了古色古香的样子，而现在又设了围档，可能是要将其变得更加古色古香。

旁边那家麦当劳不见了，当时北京还没有什么星巴克，我经常去麦当劳看书写稿子，之所以选择麦当劳而不是肯德基，是因为肯德基人太多太吵环境也非常差。

整条地安门大街都在重修，包括鼓楼的两侧及鼓楼和钟鼓间的广场。

还好，草厂胡同的变化并不大，我之所以这样讲，是因为那两间当年刚刚装修好的公厕竟然还保留了原来的样子，并且依然很干净。我沿着狭窄的胡同往前走，向右转个弯就能找到自己住过的那个门洞。

其实中间有次出差我来过这里，只不过是晚上和同事一起，所以没能走进去看个究竟。这次，我有足够的时间慢慢体会时光的流逝。

门口坐着两个老人，我不知道十年前有没有与他们打过照面，他们似乎有 80 岁的年纪了，倒退十年前，他们应该年轻一些，活络一些，现在他们坐在门的两侧，坐在阳光里，眯缝着眼睛，当我举起相机时，他们将头侧向一边。他们见多了我这样的游客，一定不会记得我在这里住过。

钻进门洞，阳光透过门缝和屋顶间的罅隙，照到原本就不宽敞的地面上，当年经常在过道里煮面条的姑娘早就不在了，或许她们嫁作人妇了，或许她们离京回乡了，但这里一切都没有变，破旧的房子依然没有修缮的迹象。

门口的灰尘似乎也是十年前的样子，角落里堆放着一些瓶瓶罐罐，没有人来收也没人来捡走。

来到曾经住过的屋子，一把铜锁挂在门上，那把铜锁我永远都记得，我曾经也有这么一把钥匙可以打开它，后来我还给了房东，远离了这间屋子。跟上次来一样，门就这样锁着，好像一直都没有人住过，门前的台阶上是厚厚的灰尘。

房东不知道去了哪里，我记得他曾经跟我说，如果有一天他死了，他会把房子留给谁谁谁。

我不敢想房东是不是还活着，毕竟按照推算，他也不过六十岁年纪，跟门前的大爷们比实在年轻，我用手摸了摸铜锁，悄悄地离开。

南锣鼓巷

离开草厂胡同的时候，我故意选择了后面的那条路，那条路上是我曾经每天买早餐的地方，时间长了都跟他们熟识了，很想去看看那里的样子是不是变了很多。

果然不出所料，那里早已物是人非，那些经营家常菜的饭馆早已不在，换成了一些别致的私人菜馆，要么换成了酒吧和咖啡馆，想想那时候的早餐很便宜也好吃，经营小吃的大多也是外地人，但也异常的热情，现在只能看到一些冷漠的面孔和想从你口袋里掏钱的商人。

经常理发的那家理发店也不在了，记得老板是安徽人，离我们的家乡很近，所以经常会聊得很多。

变化最大的显然不是这条小胡同，南锣鼓巷才是有着翻天覆地的变化的。那时候的南锣鼓巷还是一条寻常的胡同，几乎没有什么店家，偶尔有一两家经营得也是半死不活，就连中间的中央戏剧学院也像藏在深闺中的少女，要寻寻觅觅才能嗅到她的真容。而现在，整个南锣鼓巷都被商家包围了，甚至两边的岔路胡同也开起了好多工艺品小店。

在一家咖啡馆坐下，看着外面人来人往，像丽江，像大理，像八角街，像一切旅游开发过度的地方，那些人脸上都带着笑，有的还夹杂着几句英语、法语、意大利语，他们从四面八方而来，带着对这里的神往。然后和我一样，不停地摁下快门，或是拐进一家工艺品店，用很不低廉的价格买下一件很低廉的手工艺品，并用手机自拍下当时兴奋的神情，发了微信。

原以为这是此次最后的悼念，后来朋友又约了一次，约在南锣鼓巷的老虎酒吧，虽然对酒吧一直无感，但盛情难却，坐一会儿感受一下十年的变迁也未尝不可。酒吧似乎是外国人经营的，但墙上挂了一张中国上世纪80年代的儿童照片，显得既复古又可爱，让本是一个供休憩放纵的地方有了一些童趣。

老板是个中年人，不停地迎来送往，听朋友讲以前的老虎酒吧生意很好，有乐队驻唱，但现在都没有，甚至不如旁边的一家音乐酒吧。酒吧大多还是20岁出头的年轻人，他们有太多的时间可以挥霍。

也有落单的文艺中年，他们安静地坐在某个角落里，用有些泛红的眼睛打量着身边晃动的每一个人。

什刹海

很多人对后海更有感情，但我好像去针刹海的前海比较多，去后海最好是冬天，人不那么多，冰不那么厚，也少有人滑冰。会有一些野鸭子在破冰的水面上游动，连摆动的柳枝似乎都被冻住了。

一切都显得那样静谧，这也许是后海的魅力所在吧。

前海就不一样了，十年前这里就很热闹，虽然小一些，但因为湖面宽阔，倒显得不小，要不说古人的匠心独具呢，能将一个小池塘称作海，除了满语的本意外，也是在造景上下了一番功夫的。

前海当年就已经有了很多家酒吧，只不过生意惨淡。外国游客也不少，但就是没有人气，人们还是习惯在外面走动、游荡，很少有人能进去歇一会儿。但是现在不一样了，人声鼎沸的样子，怕是当年因经营周转问题而放弃的人会扼腕了。

特别是荷花市场那一段，当年是老人们的乐园，现在也一样。只不过那些老人更老了，也会有更多老去的人加入进来，我曾经在这里看老人用拖把蘸水写字，老人力道很大，能将大大的拖把横竖撇捺，不一会儿便写就了一首唐诗，但也很快随着水的挥发隐去。

沿着前海的湖边行走，会看到越来越多的画像人，他们坐在路边给游客画像，十年不变的画功，只不过是换了新的面孔，远处依然有老人在下面游泳，完全无视湖面立着的牌子：禁止游泳！

在这个处处设置防患于未然的国度，人的天性仍未泯灭，老人们争相下水，有的已经游到对面的岛上，围坐在一起打牌，给本来就热闹的前海又增添了一抹风景。

　　荷花市场旁边就是什刹海运动体育学校，当年一起打球的人都像我一样，早已不复少年的容颜，也早已不知道他们的去向。北京那时候三环外就很冷清，而现在已经有了五环六环，运动场馆也多了很多，他们再也不用从国贸建国门或者中关村方庄丰台赶过来。

　　或许此刻，他们还会到这里打球或者只是闲逛，也可能会与我擦肩而过。我们都是熟悉的陌生人，是每个人的过客。

　　既然时光留不住，就让它留在记忆里，像一张永远寄不出的明信片，写任何一句话都多余，地址也不敢写，怕一提起，就会哽咽，就会在失眠的夜里魂不守舍。

给所有的故事
　　一个温暖的结局

爱情是精神的，也是物质的，是看透看不透的风景，也是那细水长流。无论爱情在你面前以什么方式呈现，都善待它，像爱自己一样爱对方。

　　城里的月光洒下的清辉很快被霓虹淹没，我掰着指头掐算着海军的行程。现在他该到了青海湖了吧，他一定会坐在湖边，点上一根烟，望着无边的湖面发呆。

不是所有看似美好的爱情，都会有完美结局

过年的时候，去姑妈家做客。姑妈妯娌的两个女儿都会带着姑爷过来吃饭陪酒，年年如此。但今年老大没有来，只有老二家喜气洋洋的，还添了个男宝宝。

吃完饭，听姑妈嘀咕老大之所以没来，是因为婚姻出了问题。我还依稀记得大姑爷的样子，是那种很爷们很仗义的性格，特别是在酒桌上，显得豪气万丈。这样的性格是典型的显性性格，在社会上是很吃得开的。

所以，我有些疑惑，按理说，他们的婚姻应该很美满才是。

姑妈说，其实他们本身的感情一直很好，但大姑爷经常嗜酒闹事，还家暴，这次，事情闹大了，被关进去了，这都已经是三进宫了。大丫头实在无法忍受这一而再再而三的折腾，提出离婚，但大姑爷听闻后便放出话来，如果离婚，出来就杀了

她。她吓得连过年都守在家里，哪里也不敢去。想想从前，他们恩爱的样子，真的想不到会走到今天这一步。

世间的爱情，千种万种，看上去大同小异，却有着完全不同的甘苦。

张国荣对梅艳芳说过，等我们到 40 岁，你未嫁，我未娶，我们就在一起。可是后来，他在 2003 年 4 月 1 日坠楼殒身，她在同年 12 月 30 日肺功能衰竭病逝。那年，她刚好 40 岁。就像上帝跟她开了一个巨大的玩笑，甚至以生命作为代价。

宋丹丹在经历了三次失败的婚姻后，说：原本只想要一个拥抱，不小心多了一个吻，然后你发现需要一张床，一套房，一个证……离婚的时候才想起，你原本只想要一个拥抱。

可是，就算你再想要那一个拥抱，但时过境迁，怕是也得不到了。

小时候暑假一直是在外婆家度过的。外婆家所在的地方那时候还没被城市包围，因为四周种满了竹子，远远望去，像一片竹海，倒有种世外桃源的清静。而走出几步，便又到了城里。

唐老师家与外婆家世代交好，唐老师家就在竹林的旁边，但是他们家还拉了个院子，种上各式各样的花花草草和盆栽。唐老师的太太也是中学老师，平时深居简出，穿得却是清雅大方。他们家有个女儿，约莫二十多岁年华。那时候是八十年代中后期，正是文艺复兴的高潮阶段，唐老师女儿经常着一袭长裙，留着飘逸的长发，像极了琼瑶剧中的女主角。

我经常看着她发呆，大人都喜欢拿我开玩笑说："你是不是喜欢这个姐姐，等你长大了，就让她嫁给你好不好？"

我会很不好意思地点头并跑开。

待字闺中的她自然也是深受很多男生的爱慕，但她一直没有找到动心的人，也不接受父母的相亲安排。

直到有一天，她从城里带回了一个年轻的男子，这是她自由恋爱的结果。唐老师和太太看对方一表人才，倒也没加干涉，便同意了他们的婚事。小伙子确实也是英俊非凡，他们两个站在一起，简直就如大众电影杂志里走出来的一样。

就算时至今日，在我印象中，他们也是我见过最般配的一对恋人，用现在的话说，就是男神和女神终于走到了一起。

一个暑假过后又是另一个暑假，每个暑假过后就是一年的光阴。我渐渐地大了，直到有一次跟母亲去外婆家，走在半路上，发现竹林稀疏了，旁边竖起一座座高楼。

迎面碰见个熟悉的身影，却是唐老师女儿，那时已是九十年代初，她经过我们身边的时候，跟以前一样，不苟言笑，低着头就过去了，一脸的苦闷憔悴。母亲告诉我，她离婚了。

我有些不敢相信地摇摇头，母亲说是那个男的有了外遇，她也不想离婚，拖了很久，因为舍不得孩子。但终究拗不过现实，还是离了婚。

如今，我已步入中年，想来，她也是年近黄昏，或许早已有了第二春，也可能仍是孤身一人。曾经一度，他们的美好爱情是我所向往和艳羡的。同时，他们失败的婚姻也让我看到爱情的不确定性。

原来，不是所有看似美好的爱情，都会有完美的结局。现实终究不是电影，可以按照剧本的套路去走。

张惠妹唱着：跌跌撞撞才明白了许多，等我的人就你一个。

张靓颖唱着：终于等到你，还好我没放弃。

好像只要愿意去等，都会等到那个爱自己的人出现。可是，现实往往很残酷，就算你等到风景都看透，怕是也只能一个人看细水长流。

前年看一档女性达人秀节目，一个老太太怀抱吉他给逝去的爱人唱歌，唱的是王菲的《因为爱情》，唱着唱着泪流满面，台下的观众也被感动得泣不成声。老太太说老伴在世的时候，他们经常去西湖边走走，老伴从来不会什么甜言蜜语，但会在风起时给老太太围上围巾，她说这就是爱情。

也许，爱情就是这样，只有当你老了，走不动了，才发现爱情就是在风起时，有人给你围上围巾。

爱情是精神的，也是物质的，是看透看不透的风景，也是那细水长流。

有人选择了会义无反顾，有人会畏畏缩缩，有人瞻前顾后，也有人刀山火海勇往直前。爱情也是荆刺编织的花篮，你的每一次欣喜雀跃都有可能伴随着鲜血的浸淫。

所以，无论爱情在你面前以什么方式呈现，都善待它，像爱自己一样爱对方，这样就算我们老了，也不会后悔，我们曾经爱过。

就算爱情失败，那也不算什么，就当对方是你经过的风景，看过欣赏过拥有过，就够了，谁能预测后面的风景不是更美呢？！

当爱已成习惯，当我们在人群中走散

人到了一定年纪，坐到一起总会聊起这样的话题：结婚早的很多都离了，不离的也表示活得不开心，而没结婚的却依然想单身下去。

若不是父母和社会的压力，怕是很多人会选择单身。现在的人活得太累，房贷车贷信用卡，人情世故烟酒茶，哪样都需要开销，每个月都把人逼得紧紧的，仿佛一松懈就会崩开、碎裂。

当有人辞职时说出"世界这么大，我想去看看时，"马上就有人反讥"看完了，还不得回来上班"。是啊，在现代社会中，除了那些衣食无忧的富二代，厚颜无耻的啃老族，又有多少人可以真的潇洒地活在世外。

前一段时间，一位大叔在吃饭的时候，说到从前联系比较多的同学几乎都离婚了。而他自己也是一心扑在事业上，稍有闲暇还得忙儿子的学习。而另一位人到中年的朋友，则用了"相濡以沫，不如相忘于江湖"来诠释自己此时的婚姻状态。是啊，当爱成为像喝酒饮茶一样的习惯，很多人选择了离开，也有很多人选择了麻木地互相依赖。

琪就是个典型的例子。

她和老公是中学的同学，老公成绩并不好，但因为当时在学校里是灌篮高手，长得又高大帅气。当然，更重要的是像极了自己暗恋的对象，暗恋的对象是琪的学长，毕业后去了北京，就连表白的机会都没给她，多少让琪有些失落。而此时，自己的老公出现了，适时地填补了琪内心的空白，他们很自然地走到了一起。

后来，琪以优异的成绩考到了省城一所全国著名的高校，男朋友毫无意外地落榜。但他们却一直坚守着当初的承诺，一直走到了现在，建立了家庭，有了孩子，老公在省城谋到了一份不错的职业，买了房子车子，小日子过得顺风顺水。

琪一直有个遗憾，她内心深处为暗恋的对象保留了一个位置，只是天涯相隔，时至今日，怕再次相见，琪都不敢想象还会不会心动，会不会向他倾诉年少时的情愫。琪说这些的时候，一副云淡风轻的样子，说完更是哈哈笑了起来，说："这些也只能说说玩了，现在带孩子都忙不过来，哪有心思想这些。"

琪说："老公也没什么不好，对她言听计从，虽无大的规划，但也混得顺风顺水。偶尔出去喝点花酒，也会及时报备，并准时回家。"

琪还说："都习惯了，换个男人还不都一样。"

雨茉则是另一种典型，而且是婚姻外的例子。

雨茉永远也忘不了第一次见到子敬时的样子，当时子敬在体育馆旁边的酒吧和一帮朋友喝酒，许是喝得多了，就溜出来到一棵树下抽烟。

混酒吧的男人没一个好东西，这个念头只在雨茉脑中存留了一秒钟，她就哑然失笑，自己不也在酒吧门口晃荡吗？又有什么资格评判混酒吧的男人？！

雨茉当时看到子敬抽烟的样子，在昏黄的灯光下，像极了《花样年华》中的梁朝伟，有些忧郁，有些沉默，面庞棱角分明，眼神深邃，雨茉就喜欢这种像谜一样的男人。

在雨茉靠近子敬的时候，子敬弹了下烟灰，一阵夜风吹来，烟灰吹到了雨茉的眼睛里。雨茉尖叫一声，双手捂住了眼睛。她本能地以为子敬会走过来，向她道歉并轻轻拭去她眼中的烟灰。但子敬没有，相反，他嘴角上扬，哈哈哈地笑了起来。

雨茉有些恼怒，正想斥问，子敬却递过来一张纸巾，在雨茉眼前晃了晃，雨茉竟然感觉好多了。雨茉怔怔地看着眼前的子敬，他们离得很近，她能嗅到子敬身上丝丝的汗味，还有淡淡的烟草味。当然，还有子敬坏笑时扬起的嘴角。这一切已经深深地吸引住了雨茉。

子敬说："为了刚才的失礼，就请你喝杯酒吧。"子敬帮雨茉要了一杯蓝色马蒂尼，不知道还添加了什么，雨茉感觉酒很辣，但又有些微甜。就像今晚遇到子敬的感觉一模一样。

夜色渐浓，雨茉想回家了，子敬提出送她。雨茉没有拒绝，这不是正好给他，也给自己一个机会吗？自己也到了该谈婚论嫁的年龄，父母已经不知道催促了多少遍，身边的同事大姐也帮她张罗了多次相亲，但雨茉总是以没有感觉为由脱身。但她今晚认定遇到了自己的白马王子，那个人就是子敬。

子敬出了门，点上一根烟，走到花坛边，便解开裤子小便起来。雨茉很尴尬地别过脸去，心却怦怦乱跳。

子敬说："有什么关系，过来。"他竟然将烟头掐灭扔在地上，一只手将雨茉揽了过去。

雨茉看着他另一只手提着裤子，眼神迷离地看着她。她有些恍惚，子敬到底是个什么样的男人，自己能够驾驭他吗？那天晚上，雨茉不知道是怎么到家的，一路上，她都心思恍惚，头脑里不停地闪回遇到子敬的每一幕，直到子敬向她递过来一张名片，她才确定自己真的可以开始一段感情了。

雨茉并没有很快联系子敬，她不是一个主动的人。但过了一周，雨茉终于按捺不住了，她双手颤抖着给子敬发了一个短信，像往常朋友问好一样。发完就有些后悔，觉得自己太傻了。

可是，又有什么更好的方式呢？

子敬竟然没有回复雨茉，整整又过了一周，雨茉觉得像子敬这样的男人，一定有很多爱慕者，就算没有，应该也早就有了女朋友。在自己内心纠缠不休的时刻，或许他正温存在另一个女人的身边，全然忘了那晚的邂逅。

就在雨茉觉得绝望的时候，子敬竟然来了电话，约她去那家酒吧喝酒。雨茉有些慌乱，一下班就匆匆忙忙赶回家，梳洗打扮一番，心中却早已预设了无数种可能。

当雨茉赶到酒吧的时候，子敬并没有出现。就在她在门口张望的时候，身边一辆车按起了喇叭，吓了雨茉一大跳。车窗摇了下来，是子敬歪着嘴朝她笑，并示意她上车。雨茉上了车，才想起他们原本是约好来喝酒的，但子敬并没有停车，而是将车开向了郊外。

也就是那天晚上，雨茉尝到了男人在自己身上的那种驰骋的体验，胸闷、疼痛又充满了快感，像坐过山车般刺激而慌乱。子敬时而凶猛时而温柔，让雨茉感觉这世上原来还有如此复杂而又甜蜜的身心感受。

自此，隔三岔五，子敬都会约雨茉出来，有时候是去山里的温泉别墅，有时候是去郊区的汽车旅馆，也有时候会走得远一点，去海边。他们已经出双入对得像一对正式的情侣了，但雨茉一直没有归宿感。女人的归宿感来自于男人的承诺，但子敬除了在床上极尽缠绵用尽招数外，并没有给予雨茉任何的承诺。

寒来暑往，三年过去了，五年过去了。雨茉感觉自己的青春已经被消耗殆尽，却仍然没有等到那句求婚的誓言。子敬因为工作的原因，联系也少了。渐渐地，越来越少，甚至有时候一个月两个月，子敬就像从来都没认识过雨茉一样，连个短信也懒得回了。

雨茉感觉自己要失去子敬了，她不敢想是不是子敬有了别的女人，还是只是厌倦了自己。她只是静静地等待，希望有一天，子敬会捧着鲜花，向她下跪，向她递上戒指，哪怕只是一枚草戒指，她也会说：我愿意。

但子敬没有，雨茉实在忍不住了。她不明白，子敬也是快四十岁的人了，竟然就没想过要结婚吗？自己也年近三十，没有光阴可以蹉跎了。她决定向子敬发出最后的暗示。她将子敬约到了那家他们当初认识的酒吧。

子敬如约而至，酒过三巡，雨茉说出了几年来内心的愤懑。她以为子敬会因为自己的困惑和伤痛而有所感动、有所悔悟，继而给自己一个完美的答复。

等她有些口干舌燥时，子敬只是将一杯酒递过来，说："男人就像这酒，女人喝了都会觉得烈，但都喜欢这种烈。但男人不一样，越是烈的酒越伤人，我已经伤过很多女人了，你这么好，我不能伤害你。"

雨茉眼泪夺眶而出，伤害？这几年的陪伴算什么？这些年的付出算什么？玩弄？欺骗？难道这仅仅是一场游戏？现在游戏结束了，有一方要提前退场了。

子敬摇摇头，像第一次认识时那样，一手揽着雨茉出了酒吧门，另一只手伸向了裤子拉链。子敬一边解手，一边侧脸坏笑看着雨茉。雨茉别过脸去，她承认自己还有些心动，但她也感觉自己有些不认识子敬了。这些年来，她以为自己会越来越懂子敬，但恰恰不是，她是越来越不懂子敬了。

她嗅过子敬身上的体味、烟草味、手上戴的沉香的味道，甚至他鼻隙、腋下、肚脐、指甲缝，她都仔细嗅过，她几乎嗅尽了子敬的每一根毛发每一处毛孔，但她依然不懂他。她曾经那么迷恋子敬身上那种沉默如谜的气息，这种气息像毒瘾一样，让她深陷，不能自拔。

如今，她觉得自己该醒醒了，谜终究是谜，谜不会因为一个人的解开而得到满足，相反，只会恼怒，只会无趣，只会瓦解。雨茉知道这些年有太多的机会，可以重新开始，可以再去寻找一份稳定的让自己感觉踏实的感情，但她没有。

她似乎习惯了，习惯了子敬在她耳边喃喃低语的样子，习惯了子敬的坏笑，习惯了子敬完事后点一根烟朝她脸上吹烟圈的细微动作。而现在，她像个颓败的公鸡，耷拉着脑袋，疲惫不堪。

当爱成为习惯，我们早已记不得爱情本来的模样。我们早已在荒烟蔓草的人海走散，就算有着成形的躯壳，那样相濡以沫，却仍然不能阻挡内心暗涌的潮流。

它将我们沙滩上刻着爱字的礁石打湿，将能吹响爱情之曲的海螺卷走，直到没入沉默的海洋，那里也有爱，但更宽阔更茫远更遥不可及。

谁不是把悲喜在尝，看一段人世风光

有一段时间，在豆瓣一个小组里混，先是发了一段自己的感想，或许是共鸣者众，便有许多人发来豆邮，倾诉内心的烦忧。

大多是与感情有关的，我惊讶于人海茫茫，竟有这么多人在为情所困。

那些日子，我像个过来人般，与他们交心，分担着他们的悲喜，也用自己的切身体验去化解他们内心的忧虑。

可是，爱情真的有解吗？答案当然是否定的，我只不过适时地做一回垃圾桶，任她们发泄一下罢了。而她们自然也懂得，这一次次的明知故问，也只是消解内心一时的苦闷。有时候，连她们自己都会自嘲，自己是不是太蠢，太过于纠结，太过于啰唆，太过于钻牛角尖了。

我自然是理解的，既然年轻，困惑便多；既然年轻，对于爱会更加义无反顾，便更容易撞得头破血流。

也正因为年轻，那些爱是那么直接，单纯，那么令人欣羡。

还记得年少在部队时，队里面有个排长，约莫二十六岁的样子。因为跟他关系比较好，便经常出入他的办公室。那时候流行在办公桌上放一块玻璃，下面压着些照片，还有一些座右铭之类的。我记得排长当时就压着一张自己用毛笔写的"人到中年"便签。

那时候的我对中年这个词的概念还很模糊，觉得人只有过了三十岁才能算是到了中年，而他不过是风华正茂的年纪。

所有的你以为都只是你以为，而处于其中的人们是无法这么以为的。排长经常彻夜不眠，拉着我跟他聊天，虽然第二天我还要上课，还要操练，还站那一次就要两小时的岗。

在那些不眠的夜里，他总是打趣地问我初恋的事情，问有多少女同学给我来信，却很少提及自己。

我终究明白，他一定是因为感情的事，而无法入睡。回头想想，他正是血气方刚的年华，又怎耐得住长夜漫漫。

后来，我偷偷地看了他的信件，才发现他竟然陷入了一段三角恋情当中。然而他知道后，并没有生气，反而大方地向我坦陈这段感情的痛楚。

原来，他深爱的姑娘在遥远的边防，那是他们在军校时认识的，那时候女孩还是军队卫生学校的一名女学员，如今却已

是某边防部队的女军医。

我见过她的照片，穿着一身绿军装，肩上的红肩章十分夺目，脸上有些坚毅，又有些许文艺气息。

果然，从他们的通信中，我隐约读出些什么。排长告诉我，她不但是一名出色的军医，经常发表医学论文，而且还写一些散文和诗歌发表在报纸的副刊上。

而另一个女孩是北京的，同样也是军医，据说有着深厚的背景，如果联姻成功，可以将排长调到北京的机关去。女孩追求排长好几年了，排长一直没有给出明确的答复。

排长有时候会问我，如果是你，你会选择谁？我头也不抬地回答，当然是边防的军医姐姐。排长摇摇头，说你还小，不懂的。

时隔多年以后，我方才懂得，为什么排长会在玻璃下面压一张"人到中年"的便签。

很多事情，只有经历过，才会明白，这世间，除了爱情，还有很多很多你无法抗拒的东西，权力、金钱、双方的家庭，等等。

也许，你会说，对于爱情来说，这些又算得了什么？

事实上，只有亲历的人们才会明白，那些看似附加的东西，在我们的人生道路上会扮演各种角色，这些角色时而像知遇的贵人，会在你失落的时候拉你一把；时而又像魔鬼，将你的心灵吞噬，让你陷入欲望的深渊不能自拔。

在众多的豆邮来信中，最让我难忘的是一个叫小菲的姑娘，她说她快撑不住了，对于现在的一段感情，不知何去何从。

小菲是因为一次拨错电话认识坚的，那时候坚还是一家保险公司的业务员，收入不菲，但忙得天昏地暗，无暇顾及恋爱这件小事儿。

小菲那时候研究生刚毕业，要给导师打电话结果拨给了正在忙碌的坚。

小菲问："是李老师吗？"

坚正忙着一笔新接的单子，以为是个骚扰电话，便没好气地把电话挂了。

小菲又重拨了一遍，问："是李老师吗？我是王菲呀。"

那头的坚冷哼一声："你是王菲？我还是谢霆锋呢。"

小菲又好气又好笑，这一来二去，她便与坚认识了。

小菲出身很好，父母都是高干，在她上大学的时候便自己驾着一辆奥迪上学了。认识坚后，为顾及坚的自尊，小菲隐瞒了一些自己的身份，只是说自己硕士刚毕业在找工作。

坚来自北方的一个县城，工作上他很勤奋，是个不折不扣的上进好青年。也正是这一点，让小菲非常欣赏。在她的身边，大多是富二代和官二代，不是作风奢靡，就是为人高傲。在她眼里，坚实在是当下少有的青年才俊了。虽然现在苦点累点，但只要努力，她相信坚一定会有一个好的前途的。

小菲很快搬到了坚租住的屋子里，屋子很小，很局促，这对于从小生活在大房子里的小菲很难适应。小菲为了让坚和自己生活得更好一些，自作主张将车卖了，给坚租了一套大点的房子。

半年后，小菲又托父亲的朋友将坚从保险公司调到了银行。对于此，坚并没表现出开心的样子，因为从保险公司到银行的转变，看似工作更加稳定了，收入却大幅下降。

小菲只是想让坚过得轻松一点，却忽视了坚除了为自己而奋斗外，还要时时贴补远在家乡务农的父母，而收入的薄寡对于他来说实在太过重要了。

从前在小菲面前表现昂扬的坚，一下子颓废下来，他经常沉默寡言，就算小菲用自己从未下过厨的手开始学着做一些小点心给他，他还是无法振作起来。

小菲说，坚已经半个月没有理她了，甚至几次提出分手。

小菲又说，我可能真的要失去他了。

小菲的情感困惑，是众多富家女与凤凰男的典型案例，只不过坚还算是个好青年，有着强烈的自尊心，又不那么虚荣地想依仗什么而平步青云。

而小菲呢，有着富家女十足的奉献精神，敢爱敢恨，为了自己喜欢的人，可以牺牲一切，毫不退缩。可是，爱情真的不是一厢情愿的无私奉献啊，当你的爱溢满了，不是吓跑一个爱你的好人，就是惯坏一个贪慕虚荣的小人。

·

面对这样的困惑，我竟然无法给予小菲一个足够好的指导。因为对于坚，小菲给的爱太过沉重，压得他喘不过气来；对于小菲，她有错吗？她为了自己的爱人，赴汤蹈火，去练习一切可以做好爱人的本分。

所以，我只好劝她，把答案交给时间吧。如果坚真的爱你，他会来找你；如果他的内心里你只占很小的一部分，那你何必将自己一再埋葬。

爱是两个人的事，不爱是一个人的事。

当你爱了，也请停下脚步听听对方的声音，让对方的心跳和你发生共振，而不是拽着对方，亦步亦趋。

后来，小菲没有再来信，也许她得到了自己想要的答案。在未来的日子里，她一定会遇到更多的人间悲喜，唯有祝愿她保持那份初心，遇见对的人，做着对的事。

谁对谁错谁又错过，谁会陪谁看细水长流？

重新回到那个排长的故事，他也终究没有选择那两个让他左右为难的女军医，而是与现实和解，在驻地找了一个既有些才情又有稳定工作的女孩结了婚，如今，他们生育了一对双胞胎，过着幸福的日子。

我们总是艳羡那些美好的爱情，那些人前的风光，却从未想过他们也和我们一样，冷暖自知，悲喜在尝。

所谓爱情，不过分泌

　　我和艳的相识是因为一个军嫂。

　　那时候我还在部队，军嫂的出现犹如给所有年轻的军人以爱情启蒙，所有人都以军嫂为标杆，渴盼着爱情的降临。

　　军嫂也是一边忙着照顾家庭，一边张罗着为大家介绍对象。军嫂长得漂亮，人又性格温和，她跟着部队的丈夫在南京生活了几年后，便随军去了北京。

　　去北京后，军嫂经常在朋友圈里晒与丈夫的合影，后来有了孩子，晒得就更多了，那种其乐融融的景象，十分令人艳羡。但好景不长，许是到了七年之痒，又或是丈夫在工作调动后有了瓶颈，婚姻一度触礁，但后来还是转危为安。

　　在南京的时候，军嫂和艳做过一段时间的同事。军嫂很照顾新入职场的艳，时间久了，便情同姐妹。因为军嫂的缘故，我得以与艳相识，艳也像认军嫂作姐姐一样，将我视作兄长。

军嫂的爱情一度成为艳的榜样，艳知道，只要自己努力，总会收获一份美好的爱情。

前些年的一天深夜，艳突然打来电话，说，哥，我失恋了。然后就是一迭连声的哭泣，我只好劝慰她，夸赞她是个好女孩，敢爱敢恨，告诉她是那个男人不懂得珍惜。我以一个过来人的口吻，用滥俗的语言做着劝导，其实当时我也是孤身一人。

我记得，艳在以前的电话里，经常告诉我，那个男孩和她一个单位，就坐在她的对面，每次看到他，她都会怦然心动。

只是那个男孩对艳并没有太多的想法，直到艳坦白了对他的感情。他们终于可以谈恋爱了，只是男孩有些介意她已不那么纯洁，原因是她以前交过一个男朋友，而那个男朋友与这个男孩也是熟识的。

艳告诉我这些的时候，已经没有把我当成外人，她说，哥，我是真的喜欢他，每天看不到他，心里就会揪得慌，魂不守舍。

我说，既然如此，就大胆地去爱、去追求吧。

艳称他叫猪猪，或许姓朱吧，艳和猪猪的爱情并没有一帆风顺，猪猪对她的热情远远不及艳对他的爱慕，艳将一切的希望和未来都寄托在猪猪身上了。

直到，那天深夜的电话，艳说，他说不想结婚，起码是暂时，在他看来，现在事业才是第一位的。艳哭得泣不成声，她知道这次的感情是无可挽回了。

我只好告诉她，放弃吧，既然这么长时间了，你都不能进入他的内心，而那些你自以为是的温情和相爱，不过是别人一时的感动罢了。

没了爱情的艳，像无头的苍蝇，每天既要面对那个男孩，却又回不到从前的时光。她毅然决然地辞了职，去了一家新的公司，她希望一切都可以从头再来。

事实并没有她想象的那般美好，由于年龄渐长，父母开始对她的婚姻大事着急起来。艳的电话虽然比从前少了，但看得出来，她也很着急，她是那种缺了爱情就没法活下去的人。

有一次，她电话里竟然跟我说，哥，要不你回南京吧，我们试试看。我被她的话惊到了，从来没有想过，艳会说出这种荒唐的话。

为了让我对这件事提起兴趣，艳甚至主动说起家里的情况，说家里有一套房子，父母又买了一套新房，如果她结婚的话，可能会得到那套新房。看样子，艳的父母是想用房子作为条件来换取艳的婚姻。

我说，我可以回来看看你，但婚姻不是儿戏，感情更不是。

几年过去了，我以为从感情的旋涡里走不出来的艳竟然结婚了。我听到她描述去办结婚证的趣事，还有一张又一张幸福

／ 愿你出走半生，归来仍是少年 ／

甜蜜的婚纱照，真有点替她感到高兴，这个丫头终于找到了归宿。

后来发现，那个男的是离过婚的，有过一次短暂的婚姻，但是家境尚可。

我忽然想起艳曾经跟我说过，自己的母亲是很希望自己嫁得好一点，所以，艳在感情的选择上也曾左右为难。我也想起猪猪曾经表示要先发展事业，而放弃了和艳的感情。

那么，艳是不是一直都在一厢情愿，或者受着母亲的支配，猪猪是否也爱着艳，只不过由于男人的自尊心和暂时的经济能力不能支撑起这段感情。

虽然艳十分渴望爱情，是不是这爱情的背后也有某些其他的附加条件，而这些条件并不是那些艳所爱的男生可以给的。

她的爱真的是纯粹的吗？

很快，他们的婚姻便出现了危机，艳一度以为自己找到了避风的港湾，其实那仍然是她的一厢情愿。她的幸福在离开猪猪后，进行了千挑万选之后，竟然还是一败涂地。

据说胃不好的人，会经常在犯病的时候联想到一些医学名词，比如咀嚼、胃液等，胃病患者在饮食时尤其要注意咀嚼的次数，次数越多越好，分泌的胃液也就越多，这样有利于消化。

引申到爱情，是不是也是这样，咀嚼得多了，胃液多了，消化得也就快了。只是爱情不是食物，食物至少还可以排泄，那么爱情就只能像毒液，分泌得越多，就会伤得越深。

天堂来信

当海军告诉我他第二次要骑行去西藏时，我张大的嘴巴半天合不拢来。我似乎比他还要激动，好像明天去西藏的是我而不是他。

他没有像上次那样给我看他新买的山地车，以及水壶、野外帐篷、漂亮的手电、地图、瑞士军刀，还有他新置换来的单反相机。

他甚至没有了上次的亢奋，我想他已经习惯了。

生活中最可怕的事情就是习惯，当生活中某个细节成了习惯，不知道是可喜还是可悲。

结果出人意料，他有些低沉的嗓音像被塞了棉花絮，他说自己可能失恋了。我说你开玩笑吧，你们的爱情就像天山的雪莲，是经过那么多考验才成全的，怎么可能说谢就谢了呢。

对，就是因为是雪莲，所以经不起世俗的拷问。他振振有词的样子，让我想起诗人李亚，李亚已经连诗都不写了，这世道怎么可以这样，现实得连一个诗人都不放过。情怀呢？没有情怀，这个世界多么荒凉而可笑。

我突然明白海军二进西藏的目的了。

当初他和女友的相识就是那条通往西藏的天路，他们是路上结伴的驴友，他们因为共同的理想而走到了一起。

当时，海军给我发他和女友的照片时，我感觉他们太登对了，梁山伯祝英台也不过如此，王贵李香香也得甘拜下风。

照片上，他们站在一个河谷里，他的面孔已经晒成了黝黑的高原红，他的女友站在旁边，裙裾飞扬，风吹起她微卷的长发，像极了吉卜赛女郎。

后来，我知道他的女友就是北京一个小白领，一个十足小布尔乔亚式的人物。我还半开玩笑地跟海军说，真是一朵鲜花插在了牛粪上。

那时候，海军沉浸在幸福的甜蜜中难以自制，他不停地在BBS上发着自己骑行西藏的见闻和摄影照片，并且还有一幅拍摄于可可西里附近的青藏铁路照片获了奖。他自信满满地，好像全世界他是最幸福的人了。

现在，他有些颓唐地坐在我对面，除了他的迷彩服，他的面孔仍然是黝黑的，但高原红已经没有了。我说，咱干了这杯吧，为你壮行。生命诚可贵，爱情价更高。若为自由故，两者皆可抛。你不是常说，孤独也是一种自由，而你的心是向往自由的吗。或许，你真的自由了，你的心比天空还要辽阔。

海军有些热泪盈眶，说都他妈的见鬼去吧。

海军走后，我一直有些心神不宁。我像牵挂亲人一样牵挂着他，跟上次远远不同，上次他走的时候，我还幸灾乐祸，还跟一些朋友开玩笑说，海军已经在一次山体塌坡时殉难了。有些朋友信以为真，一个个表示出生命无常要珍惜当下的态势。

当海军回来后，大家才幡然醒悟，原来，离天堂最近的地方可以让人获得新生，甚至可以带来美好的爱情。

我天天为他祈祷着，不停地回忆上次他给我发的信息，还有他在网上留下的蛛丝马迹，好像他此去不复返，空余旧照片了。

"安多——那曲今天骑行 137.72 公里，净骑行时间 8：13：23，最高时速：48.0 公里 / 小时。昨夜是睡得最差劲的一晚上了，不知道当地人们为什么这么热情高涨，对面茶馆里的歌声几乎在夜色中飘荡了一夜，而且词曲已经被时髦的现代人搞得面目全非，土不土洋不洋的，更糟糕的是，我们住的房间隔音效果差得要死，无奈的声音无奈地充斥着自己的耳朵，翻来覆去……"

看来他在骑行中也遇到一些苦恼的事，但很快就被旅途中的快乐盖过了。就像他描述的那样，骑着单车，带着一种天真，一种友善和热情洋溢，穿过了辽远的山寨、广袤的原野，还有浩瀚的沙海……

"跑了一次西藏，感受最深的是：你什么都可以不带，但有一种东西一定要带上，那就是——微笑！一路上见到任何人都要礼貌地微笑、打招呼，这可以化解很多麻烦，而且使自己旅行也更加快乐。"

藏民的热情让他记忆深刻，他经常用自己的相机记录下那些藏民们的日常生活。

"不久见到一家藏人家正围在一起剪羊毛，他们招手叫着让我下去喝酥油茶，把车子扔到一边，我跑了过去，我微笑着，他们也冲着我笑，示意让我坐下来喝茶，女主人去土屋里取来一个干净的碗，倒满。这是我第一次喝酥油茶，稍微有点咸，有点膻，还有点奶的味道，也许是第一次喝，没感觉太好喝。我还是品了品，一口喝了下去，女主人马上给倒满。我看他们剪羊毛，还问这问那，他们给我最多的就是微笑。我说可以拍照片吗？嗯！他们微笑着点头。"

那些纯朴的人们感动着他，让他觉得纯正的信仰对于人类的重要。

直到他到了西藏，拥着吉卜赛一样的女友，他只说了一句话：我已经融化在这蓝天里了。

但是这次，海军却一直没有来信，他像一个失踪的骆驼消失在茫茫的戈壁滩。

城里的月光洒下的清辉很快被霓虹淹没，我掰着指头掐算着海军的行程。现在他该到青海湖了吧，他一定会坐在湖边，点上一根烟，望着无边的湖面发呆，这时候说不定会有跟他一样的驴友过来搭讪，一起抽上一根中南海，然后分道扬镳。

今天，他应该到了化隆了，那是青藏铁路穿过的地方，那里有个神秘的兵工厂，他一定对此充满了兴趣。他会停下来，试图靠近它。但他发现一切并不像想象中的那样，那里已经变得荒芜，破败的建筑已经宣告那个时代的结束。

到可可西里的时候，他见到藏羚羊了，那些可爱的家伙在高原上奔跑着，它们头上的羚角像风中的号角。他没有惊动它们，小心翼翼地从旁边骑过去了。直到很远，他才松了口气，却发现背囊已经被汗水打湿。

我可以想象到他孤独的身影，在辽阔的大地上投下长长的影子。每一次，他擦干汗水时，流露出的满足让人心悸。我想，他一定像极了一只藏羚羊，在奔跑的同时，成就了一种信念，这个信念支撑着他，在恶劣的环境下长驱直入，无往不胜。

半个多月过去了，海军仍然杳无音讯。电视里播放着关于青藏铁路的新闻，我总是不自觉地在镜头中搜寻着海军的身影，当镜头里闪过一个骑行者的身影，我会按捺不住激动的心情紧紧盯着屏幕，直到那个身影一晃而过。

我才知道，那只是错觉。

海军应该快到拉萨了吧，最起码也到嘎托寺了，他一定涌进朝圣的人群中了，他跟他们一样，伏在神佛面前，五体投地。那些善男信女唱着听不懂的歌谣，吟诵着经文，他们将海军淹没了，我怎么可能找到他呢？！

收到海军的信息时，我正在摆弄自己新买来的相机，这款相机是限量版，但我一直不明白单反的意思。我像小时候玩闹钟一样，将相机拆开来，再企图重新装上。但技术上的难题一下子让我无所适从。我心里想着，如果海军这时候在身边就好了。

也就是在这个时候，海军的短信来了。他说他已经到了拉萨，他正站在布达拉宫前，一手搭在彩色的旗幡上，一手拿着新买的手机给我发短信。

但手机号却是陌生的，我说你的手机呢？

他回信说，手机已经送给藏民了。

在经过那曲的时候，他又去了那户去年留宿他的藏民家，但这次他没有像上次一样得到款待。

原来，是藏民家的男女主人同时生了大病，却又不能去医院医治，两个上学的孩子也不得不辍学在家。那天夜里，女主人的病情转急，全家人都哭了起来，惊动了海军。

他当时就拨了急救电话，很快医院就来了救护车。只是，为时已晚，女主人的生命还是被夺走了，但男主人因为及时救护，转危为安。

这件事让他久久不能释怀，当他听说这里的藏民打电话需要跑到几百里外的地方时，他决定将自己的手机留给他们，并教会他们家的孩子怎么使用这部手机。

他说，你知道吗？那两个孩子真的很聪明，他们一学就会了，连短信都会发了。到了西藏后，他又给这部手机充了值。他想暂时能做的就只有这些了。

我的眼眶有些湿润，海军依然如当初般善良。我说，你快回来吧，子怡已经找了你好多天了。子怡是他的女朋友，这几天一直在打电话问我，海军去了哪里。

我没有告诉她，是因为海军让我承诺对他的这次行程完全保密。

海军说，他可能会选择留在西藏，他是热爱那里的，他爱那里的一草一木，一山一水，还有可爱的藏民，甚至那些在路上追赶过他的藏獒都会让他肃然起敬。

可是，他不知道，他的女友在最近收到一条短信，短信上说：你的男朋友是个好人，他救了我们全家。

一场名叫"报应"的爱情

阿三死了。

当"阿三死了"的传闻像瘟疫一样四处扩散时，我妈连头都没抬，她撅了一筷子菜送到嘴里。

我说："菜太咸了吧？"

我妈斜了我一眼，说："你总说咸，咸，咸，有那么咸吗？我觉得一点都不咸。"

我知道我妈的小宇宙要爆炸了，只好把话题拉了回来："妈，阿三死了。"

我妈终于对这件事有了回应："知道了，死就死了，不就是报应吗？"

面对一个人的死，我妈竟然言简意赅地只用了两个字"报应"来概括。这一点也不像她长篇累牍的悲悯性格。

别以为我妈就是这样轻描淡写地看待一个人的死亡的，你错了。她其实是个心肠软得不行的人，看到一只蚂蚁都会把我拉住，说别踩着它们，天气预报还得靠它们哩。所以，我小时候和我儿子小时候总是被蚊子咬，是有原因的。

然而，我妈就是这样看待阿三的。

阿三是因为癌症晚期不治而亡，癌症不就是这样吗？发现的时候都是到了晚期，就像一场爱情到了无可救药的地步才会突然爆发出争吵，要死要活人尽皆知的闹剧。

阿三住院的时候，据说没有人去探望他，就像他当初结婚时一样，收不到一个像样的祝福。

陪着阿三的是比他大十几岁的女人美凤。美凤嫁给他时，女儿已经二十多岁了，眼见着要成家添外孙了，美凤离家出走，跟着阿三过起了流亡的日子。

美凤的样子我记得太清楚了，她每次慢悠悠扭着腰肢出现在我家门前时，都会上下打量才上初中的我，说："这孩子脚不错，骨骼轻奇，胖瘦得当，以后是穿皮鞋的料。"

我妈打断她说："三缺一吧，我今天没空，孩子周末回家要吃要喝的，你们去玩吧。"

我妈打发走了她，嘴里会继续嘟嘟哝哝的，"自己没事做好像别人也没事做一样，漂亮女人不能娶哦。"

直到饭菜上桌，衣服晾上了晒衣架。她才气鼓鼓地坐下来，"漂亮有什么好，好多男人盯着呢，自家男人不晓得要戴多少绿帽子喽。"

我妈自然说的是美凤，美凤那时候也是四十岁的人了，但皮肤吹弹可破，十几岁就嫁了当时的丈夫，生了两个女儿。两个女儿并没有完全继承美凤的美貌，只有两双水汪汪的大眼睛像极了美凤，眉角眼梢微微上挑，是那种勾魂摄魄的丹凤眼。

那时候，她丈夫在工厂上班，三班倒的工作，只有轮休的时候才能回家。漫漫长夜，她就是东家逛逛西家串串，逮到几个人就围起一桌麻将，玩到深更半夜才回家。

有时候女儿们会陪她出来晃悠，但终耗不过她旺盛勃发的精力，早早回家睡了。轮到她老公休息的日子，也会跟着她出来，手里拿着手电筒，站在她背后，不停地唠叨着她手里的牌。

美凤嫌他碍事，便会佯装成不爽的样子，嘴里冒出哏儿来，"输输输，背后站个猪。"牌桌上的人和周围的看客便会哄堂大笑起来，美凤一脸的娇嗔，两腮飞起了红晕。

她丈夫站在后面，手足无措，但又不想走，就那样两只手垂在那里，不停地搓着手电筒，像露阴癖搓着自己膨胀的阳具。

美凤和阿三相好的事，我妈肯定是知道的。她们毕竟是牌友，而且美凤总是有些仰仗我妈的意思，就算我妈时不时地讽刺她，她也像耳旁风一样，还是会三天两头过来找我妈。

但我妈从来都不提这些事，在我妈眼里，美凤是牌友，阿三也是牌友，只要他们不在牌桌上串通好了出老千，传眼神，一切都好办，下了牌桌，大家还是朋友，各过各的日子，各唱各的戏。

那时候，阿三是有老婆的，阿三老婆的样子我还有些记得，身材有些丰腴，性格也是风风火火的，是那种古道热肠的女人。但她不上牌桌，从不上，甚至也不想让阿三上。但阿三大男子主义惯了，她再威风也不能一天二十四小时看着他。

阿三老婆终于想了个办法，让阿三彻底离开了牌桌。她给阿三找了个工作，是去江上跑船，不但阿三去，她决定自己也跟着去。这样，在十天半个月也不上岸的船上，阿三就只能守着丰腴的老婆，过起卿卿我我的二人小日子。

阿三老婆是个聪明人，小算盘打得溜溜转。阿三上了船以后，果然消停了许多，偶尔上了岸，不但没去打牌小赌，反而给她带回来些面料、毛线之类的，给她打发日子。阿三老婆乐得合不拢嘴，觉得爱情又回来了。

寒来暑往，阿三和老婆在江里面跑船，风风雨雨的竟然也过了几载。但有一年的春节，阿三自己一个人回来了。阿三回来后叫来以前的牌友，帮忙在家里操办起了丧事，却不见丧为何人。原来，阿三老婆在一次跑船时掉进了江里，等阿三发现时，老婆早已没了踪影。

面对滔滔的江水，阿三呆立在那里，他甚至都来不及反应发生了什么事，就失去了自己这几年来朝夕相处耳鬓厮磨的女人。

阿三是个大男人，大男人自然有大男人的样子，拿得起放得下。老婆去世后几个月，他决定不去江上跑船了，老婆去世的阴影还在，他不想回到那个让自己伤心的地方去。

阿三重新上了牌桌，重新遇见了美凤。这个时候的美凤已经四十多岁了，但丰韵犹存，总是把一头乌黑油亮的头发垂下来，在过了衣领的地方打个小结，扎上一块丝质方巾。

正是这一头如云的黑发，让阿三重新燃起了对爱情的渴望。有时候，阿三在起身给茶杯续水时，会有意无意地将头埋进美凤的头发里，嗅一嗅，然后说："用的是海飞丝吧。"

美凤会侧身白他一眼，"去，是飘柔，臭男人你懂什么？"

阿三便哈哈大笑起来，嘴里念起广告词："飘柔，就是这么柔顺。"说着手便伸过去，撩起了美凤的头发。美凤一巴掌拍过来，说："去去去，不正经。"

那时候，美凤的大女儿已经到了谈婚论嫁的年纪，也有了心仪的对象。我妈经常给美凤灌输以后当外祖母的经验，美凤倒不以为然，说女儿嫁了人就是泼出去的水，女儿生了孩子就是人家的，自然有人带。

我妈就气得一哼一哼的，说："你这个样子，哪像个要当外婆的样子哦。"

美凤一副我行我素的样子，理都没理我妈，袅袅娜娜地走了。

美凤和阿三私奔的日子，美凤的老公还在工厂上班，等他急匆匆赶回来时，早已人去楼空，只有两个女儿坐在地板上不停地哭泣。

美凤的老公抓住大女儿的双臂，问："你妈呢？你妈呢？"大女儿摇摇头。他又一下箍住小女儿的胳膊，问："你妈呢？"小女儿一下甩开他的手，说："你掐疼我了。"

美凤的老公一屁股坐到地上，忽然又疯了一样爬了起来，跌跌撞撞地冲出门去。

大约有半年的时间，美凤的老公寻遍了街头、车站、码头，找遍了城市的每一个他们可能藏身的角落。偶有人说在哪里见到了美凤，说看见美凤在给阿三洗衣服呢。他便马上扑了过去，但每次都两手空空回来。于是，便有人说，女人一旦跟人走了就别指望能回心转意，还是死了这条心吧。

美凤老公方才作罢，回到工厂安心工作，幸好两个女儿也大了，嫁人的嫁人，上学的上学。

美凤和阿三离家出走后，便很少听到他们的消息了。就连逢年过节，他们也不曾回来。好事者会问起有没有寄钱物回来，家里的老人守口如瓶，生怕美凤老公知道，闹出什么是是非非来。

一晃十年过去了，美凤的两个女儿相继嫁作人妇，美凤的老公也是过了花甲之龄。根据推算，美凤也早已过了知天命的年纪，只有阿三还算年轻，甚至都不到五十岁。

最年轻的阿三传来的最后消息竟然是因病去世了，守着他的只有美凤一人。

从前对他们只字不提的老人，终于背起了行囊去奔丧。美凤和阿三的行踪也终于暴露在众人面前，只是，过去的种种放到今时今日，还有什么意义？

我妈说："像他们这样，害人害己，不是现世报是什么呢？"

九零后的外甥女不以为然，说："那不一定，他们一定是真爱啊，不然怎么可能老妻少夫生活在一起这么多年，就连阿三得了绝症，美凤还是不离不弃。"

我妈竟无言以对。

无处安放的爱情

我患失语症的那段时间，却是姐姐最为辉煌的时期，她像个占领了高地的女王，耀武扬威，来势汹汹。我常常一周也说不到几句话，沉默得像个影子，但姐姐不，她几乎将我一辈子的话用几天的时间就说完了，她洋洋洒洒地像个演讲时的五四青年。

同院的杨老师最喜欢她了，经常有意无意地表示出对她的赞赏，好像姐姐的前途已经一片光明，可以追随杨老师的脚步，慷慨激昂地一路行进下去了。

姐姐的确心灵手巧，三岁会吟诗，五岁会跳舞，到了十二岁的时候，我只能拉着硕重的手风琴按着沉重的键盘，弹出《外婆的澎湖湾》时，姐姐已经能行云流水般地用琵琶演奏《高山流水》了。你瞧瞧，人和人就是不一样，天赋异禀，后天的努力就显得苍白无力。

那个夏天来得非常早，非常燥热。姐姐最好的朋友采儿悄悄地来找姐姐。她将姐姐拉了出去，躲到了院子里的葡萄架下。我默默地跟了上去，采儿努了一下嘴，说："去去去，小哑巴，跟屁虫，快回去。"

我有些不高兴，用手使劲地扯了一根垂下来的葡萄藤，一串青色的葡萄正好打在了采儿头上，采儿掀起蓝裙子就要追上来打我。

姐姐说："你给我站住！有什么你就说，没事我就回去了。"

姐姐说话跟杨老师越来越像了，语气里有了标点符号，也有了威严。

采儿有些气馁地转了回来，两条辫子一如她此时的心情，无精打采地耷拉在微微耸起的胸前。

采儿对姐姐说："崔军要去北京。"

姐姐淡淡地说："他要去就让他去吧。"

采儿说："他去了就生死未卜了。"

姐姐说："没那么严重，他现在是大学生了，有自己的想法和追求了。"

我知道姐姐也喜欢崔军，但她为什么支持崔军离开这里，离开我们生活了这么多年的城市呢？

采儿终于黑了脸，就像刹那成熟的葡萄。

她指着姐姐的鼻子破口大骂："你，你就是巴不得他去死，对不对？得不到的东西就想毁了，对不对？你就从来也没想成全我们，对不对？"

采儿的排比句像倾巢出动的蚁群。

姐姐没有说话，阳光穿过葡萄架的缝隙照射到她白皙的脸上，我看到眼泪从她的眼角滑下来，像一颗颗晶莹剔透的葡萄。

采儿和姐姐是从小玩到大的朋友，据说她们生于同一天，采儿是清晨出生，姐姐则是入夜时分才降临到人世的。但她们的性格却完全相反，采儿多愁善感，姐姐却活泼开朗。所以，崔军的选择是对的，所有的男人都想去保护那个示弱者，要强的姐姐永远只是那个远远观望的人，隔着触手可及的爱情，却最终还是垂下了双手。

姐姐对采儿的态度是可想而知的，而在我眼里，姐姐绝不是这种小肚鸡肠的人，她有更远大的目标，因为她除了会唱歌、会跳舞、会弹琵琶，还会唱戏了。自从去年冬天，全家到文化宫隔壁的戏院看了一场《牡丹亭》，姐姐就迷恋上了唱戏。

她常常在做完功课后，一个人站在阳台上，捏着兰花指，走着步，再配合她本就袅娜的身段和眼神，就显得惟妙惟肖了。

姐姐爱上唱戏之后，便对采儿和崔军的恋情毫无兴趣了，在她眼里，他们庸俗而卑微的爱情，都敌不过阳台上那株盛放的蝴蝶兰。

姐姐唱戏并未像她之前唱歌跳舞那样得到父母的支持，她在阳台上咿咿呀呀地学着张继青唱着"最撩人春色是今年，少什么低就高来粉画垣，原来春心无处不飞悬……"时，父亲就会拿着一叠晚报从屋里走出来，扶一扶眼镜。

然后将报纸一把砸在阳台上，说："你看看你，整天唱的是什么淫词浪曲，今年就高考了，如果考不上看你怎么办？对得起杨老师吗？对得起你妈妈每天早起晚睡地伺候你们吗？"

父亲在教育我们时，不仅一针见血，还常常要提到杨老师，好像杨老师是一部法律，一旦搬出来比红绿灯还要警示人。

父亲苦口婆心的劝导并没有起到什么作用，姐姐将阵地由阳台转移到了葡萄架下。她在葡萄架下唱曲时比在阳台上更有韵味，阳台上更适合用女高音唱李斯特或者沃尔夫的歌曲，但戏曲就不一样了，特别是昆曲，在行进起来的时候，身段要恰到好处，仿佛行走在水上，却又春色满园，鸟语花香。

姐姐在葡萄架下犹如找到了知己的候鸟，唱起曲来便显得从容不迫，舒张有度，唱腔也是婉转缠绵，柔曼悠长。

崔军就是借这个机会找到姐姐的，他告诉姐姐此行去北京的目的，崔军比姐姐和采儿都要大，已经上大学了，他是趁周末回家的当儿从学校跑过来的。

崔军一把抓住姐姐的手，说："我要去北京了。"

姐姐愣了愣，依旧从容地说："你就这样舍了学业？"

姐姐的语言里开始有了昆曲唱词的古典和精准。

崔军被姐姐的淡定震住了，"程强、高勇、郑百克他们都去了，我不能不去。"

姐姐说："就要高考了，其实我也想去北京，去看看红楼，看看天安门。"

崔军有些激动了，说："你要是能去就好了，不，你不能去，要去也要过了这个夏天。"

姐姐明白崔军的意思，但她马上想到了采儿，便问："崔军，那采儿呢？采儿怎么办？"

崔军说："有些事，你不会明白的。"

崔军还是走了，崔军走的那天，姐姐被父亲强行关在房间里看书，因为还有一个月就要高考了。那几天，我听到隔壁姐姐的房间里，脚步声来来回回的，像迁徙的鸟儿般，时而成群结队，时而形单影只。这次，姐姐没有在房间里唱戏，也没有唱歌，更没有弹琵琶。她就这样来来回回地踱着步，像走了几千公里的路。

姐姐被"软禁"的日子，采儿来过一次，那天阳光无比的灿烂，她大声地在阳台下呼喊着姐姐的名字，姐姐无动于衷，她仿佛与这个世界隔离了，外界的一切与她无关。

葡萄很快就熟了，院子里的孩子们将架子上的葡萄洗劫一空。我眼睁睁地看着他们兴高采烈地将战利品举在头顶，拿回家去。我在想，如果姐姐在，她一定会帮我采到架顶上那串最新鲜的葡萄，然后边剥着葡萄皮，边唱着韦唯在春节晚会上唱的歌，"再没有心的沙漠，再没有爱的荒原……"

可是，那个夏天，姐姐仿佛被隔离了，她在阁楼上踱着步，她的步伐越来越沉重，越来越遥远，直到高考结束。

姐姐再次出现在我们面前时，就像换了一个人，她变得沉默寡言，常常坐在阳台的栏杆上仰望着远方。其实远方也没什么，除了一个高高的水塔，便是更远处一座座高耸的红色烟囱，烟囱里冒着似有若无的烟。姐姐的眼睛里有着比那些烟更缥缈的东西，至于是什么东西，谁也说不上来。

采儿是在那个夏天消失的，她没有参加高考，据母亲讲，采儿听说崔军去北京后，过了几天，便离家出走了。姐姐一定是第一见证人，她们是最要好的姐妹，只有她最懂采儿。

采儿走后，姐姐一直没有说话，任由采儿母亲在我家客厅里无休止地号哭，最后无趣地默默离去。姐姐的沉默就像潮水一般，将整个家庭冲击得像一望无垠的沙滩，空无一物。只有知了是聒噪的，它们无止尽地制造着这个夏天最持久的乐曲，无限放大到让所有的耳膜都充斥着，填满着，共鸣着。

崔军的回来是意料之中的，但他能安全地回来却又是预料之外的。他回来的时候，我们已经开学了，姐姐也考取了广州的一所大学，那是杨老师的母校。

崔军一定不知道，在他走后，发生了些什么，但他终究会知道的。

姐姐走后，她的房间便成了我的，我开始学着姐姐当年在房间踱步的方式，来来回回地走，仿佛地板上有她的脚印，只要按着她走的地方走一遍，便能知道姐姐曾经想过什么，思考过些什么。

秋天来了，推开窗，便能看到远处的水塔上藤蔓开始枯黄，更远处的一座烟囱消失了，另一座的顶端则被刷上了红白相间的条纹，像斑马一样。

崔军就是在这个时候出现的，他骑着一辆单车，穿着一身绿色的衣服，背着绿色的挎包，挎包上印着"中国邮政"的字样。在这个满目金黄的院子里，他成了唯一的绿色，那么醒目而又刺眼。

他扬起头，看见我趴在窗台上，朝我微笑，大声地问："你姐姐有来信吗？"

我点点头又摇摇头，姐姐有没有来信，他比谁都先知道吧。

他有些失望，继而便按了一串悦耳的铃声，转了一个弯，从葡萄架下穿过，离开了院子。

后来，只要我听到单车的铃声，便会不自觉地从窗台上探出头去，崔军就会站在那里，一只脚踩着脚踏板，另一只脚撑在地上，他仰着脖子，目光仿佛能穿透时空，直抵窗台。

那个夏天以后，采儿一直没有回来，姐姐的电话中也对她只字不提，他们有意无意地回避着过去，回避着那段无处安放的青春。

而崔军，就算他送一辈子的信，却再也等不到他想要的那封信。

你记得也好，最好你忘掉

今年，上海连续下了几场很大的雪，很多人都涌上街头狂欢。

曼桢隔着正大广场的玻璃门看着这些喧闹的人群，不禁失笑。脑海里却浮现出西安的雪，西安这时候也该下雪了吧，纷纷扬扬的，落满了整个街道，整个城墙，整个护城河。你可以聆听千年古树落雪的声音，可以感受千年古塔积雪的重量，想象皑皑白雪下那些久远的朝代，肌肤胜雪的华妃宫女。

那才叫雪啊。

曼桢心里想着，却不料脚下一滑，一个趔趄差点摔倒，幸好有一双手将她扶住了。

她抬起头，看到的却是一双巨型玩偶的眼睛，眨巴眨巴地看着她。

曼桢被吓了一跳，继而笑出声来。她刚要说声谢谢，那个人形玩偶便扯下了面具，露出一张正憨笑的脸。

"大军？"曼桢惊呼。

"是啊，是我。曼桢，你还好吗？"这么冷的天，大军竟然满头满脸的汗。

"我还好，你呢？"曼桢觉得自己这样问有些多余，因为她看见大军身后的广告牌，还有他身上的玩偶套装和面具，便明白了些什么。

"我挺好的，过年回西安不？"大军摸了摸后脑勺。

曼桢皱了皱眉头，"大军，我这会儿有事，改天有空再聊好吗？这是我电话。"

曼桢匆匆塞了张名片给大军，便蹬着高跟鞋飞一般地走了。

曼桢没想到会在这样的场合遇到大军，甚至她都没想到在上海还能遇见大军。几年前，大军来找过她，她把大军送上了列车，她以为和大军的故事就此画上了句号。

她清晰地记得，那天送大军上车，大军从绿皮火车的窗户里探出头来，说的最后一声"珍重"。

那天的情形，曼桢不愿再想起，但每每夜深人静的时候，又克制不住自己。她从来没有想过要考虑大军，去喜欢大军，甚至去爱上大军。而大军不一样，从小，大军就对自己如同兄长，处处保护着自己。

或许，有一种情感叫做依赖吧。曼桢后来为自己找了一个非常可靠但又牵强的理由，对，就是依赖。曼桢一直依赖大军，这种依赖，在某种程度上已经非常接近爱情了，但曼桢就是不能接受，她宁愿以兄妹关系相处，并且一直这样下去。

大军是在曼桢考上上海大学的研究生时，向她表白的。大军的表白，让本来就心猿意马的曼桢更加心焦气躁起来。

曼桢是在工作三年后才决定考研的，原因是有一次单位组织去上海培训，那时候她在图书馆工作，去上海取经一直都是同事们梦寐以求的。

那次，曼桢对上海留下了非常好的印象，庞大的都市，井然有序的街道，时尚而又彬彬有礼的路人，让她这个一直在西部长大的女孩感受到了一种完全不同的磁场。

在那次培训归来后，曼桢就决定要去上海闯一闯。父母都表示出坚决的不赞成，说你一个女孩子家，年纪也不小了，不惦记着恋爱结婚，还想往那么远的地方跑。你放心，我们还不放心呢。

曼桢气得辩驳："妈以前不就是从上海过来的吗？我记得妈说过为什么要给我起这个名字，曼桢，是妈最爱的张爱玲书中的人物。难道你们就真的不想我能回去吗？"

曼桢的母亲是当年援助西部建设从上海过来的知青，父亲却是地地道道的西安人。从小，曼桢就听母亲说起上海的事情，

说那里小白兔奶糖有多么好吃，那里的房子有多么洋气。

但是现在，就连母亲也跟父亲站在了同一条战线上，他们一致希望女儿能留在自己的身边，而不是为圆一个荒唐的梦去冒险。

但有一个人一直支持他，那个人就是大军。那天大军拉着曼桢在雁塔路边吃羊肉泡馍，边喝酒。大军说："你从小就学习好，不考研太可惜了。"

曼桢点点头，说："是啊，图书馆的工作枯燥乏味，一眼就能看见自己十年后的样子，这种日子我受够了。"

大军举起酒杯，对曼桢说："我支持你，你在图书馆工作，正好有时间好好复习，祝你成功！"

大军的样子，让曼桢好笑，但心底里也坚定了考研的决心。

有志者事竟成。一年后，曼桢如愿考取了上海大学的研究生。得到喜讯的那一天，她第一个跑去告诉的人就是大军。

在高高的城墙上，大军把她抱了起来，说："你终于圆了自己的梦，你能不能圆我的一个梦呢？"

曼桢以为大军开玩笑，说："你尽管说，我什么都可以答应你。"

大军对着远处的大雁塔高声呼喊："曼桢，做我女朋友吧！"

曼桢被大军的呼喊惊呆了，她没想到大军会向自己表白，一直以来，他们情同兄妹，一个碗里吃过饭，一个杯子喝过酒，但从没想过要成为男女朋友。

曼桢低下了头，她看着脚下的护城河，想看看有没有自己的影子，她将身子探了出去，但就是看不清。

大军将她一把抱住，说："曼桢，你干什么？太危险了。曼桢，我会给你时间的，等你学成归来，不，如果你想留在上海，我就跟你去上海。"

曼桢启程那天，并没有告诉大军，因为大军的表白，让曼桢整整苦恼了一个春节，那年的春节奇迹般地没有下雪。

曼桢心想，一直听说上海也很少下雪，这或许是在迎接我呢。

义无反顾的曼桢终于踏上了去上海的列车。

一下火车，曼桢就迷路了，站在上海火车站前手足无措。她想在路边拦个出租车，但路上并没有一辆出租车愿意停下来。

这时候，身旁有个声音飘过来："你好，你是要打车吗？TAXI 都在前面的地下停车场。"

曼桢以为对方是个黑车司机，在西安，她见多了黑车司机，经常拉着人绕远路，甚至图谋不轨。但看那人面庞白皙相貌斯文，倒也不像个坏人。曼桢点点头以示感谢，便拖着偌大的箱子往前面走。

那人走过来说："我帮你拿一点吧。"说着接过了曼桢手中的箱子。

也就是那天，曼桢认识这个帮她提箱子的男人，他叫潼。

后来，潼告诉曼桢："你知道我的名字为什么有个潼吗？"

曼桢摇摇头，潼告诉她："因为我的祖籍在陕西。"

曼桢惊讶地看着潼，刚刚从陕西到人生地不熟的上海，曼桢瞬间觉得与潼拉近了距离。

那时候潼已经有女朋友了，但潼的贴心，潼的暖男特质，令从小就生活在西北的曼桢感受到和风细雨般的温馨。曼桢甚至想，或许潼就是那种标准的上海男人吧，既有绅士般的外表，又能把整个家庭照顾得好好的。

有很多次，曼桢将自己的学习压力向潼倾诉，潼也耐心地劝慰她，并告诉她，毕业以后，完全可以留在上海，毕竟上海是国际化大都市，机会要多于西安。

曼桢就这样夹在大军与潼之间，夹在潼与潼的女朋友之间，已经分不清自己的角色。

直到有一天，大军从西安过来看望她。曼桢请大军到淮海路的红房子西餐厅吃饭。曼桢说："你知道吗？这是张爱玲最爱的餐厅，那时候，张爱玲就喜欢点这几样菜。"曼桢边说边指了指菜单。

大军见菜单上写着：洋葱汤、烙鳜鱼、烙蜗牛、芥末牛排。不禁皱了皱眉头，说："这有啥好吃的？！"

曼桢有些不悦，说："大军，这里是上海，别这么大声好吗？"

大军说："咋咧，上海咋咧，还不让说话咧。"

那顿饭有些不欢而散，他们走在浓密的梧桐树下，路灯拉长了两个人的身影。大军和曼桢就这样一前一后地走着。

大军说："曼桢，毕业了回西安吧，我看上海也没什么好。人这么多，东西也不好吃，你看你都瘦了。"

曼桢回头看了看大军，一直在她眼里高大魁梧的大军此时看起来非常的矮小，曼桢的眼泪就出来了，大军走过来要抱住她。

曼桢一把挣脱了，说："大军，你不懂。"

曼桢第二天就送走了大军，大军在列车上向她挥手的时候，曼桢已经决定向潼摊牌。

潼很镇定地回绝了她。潼说："曼桢，既然你觉得我是个好男人，可以托付终身，那么，我问你，如果我抛弃现在的女朋友，跟你在一起，还算不算得上是一个好男人？"

曼桢无言以对，虽然在她眼里，潼的形象更加的伟岸高大了，但从心底里，她竟有点恨潼，如果不是潼的出现，她或许会安心地学习，安心地找一份工作，安心地在上海一点点扎根，直到遇见自己的真命天子。

但潼还是出现了，并且是在她最难熬的那段日子。

潼的拒绝让曼桢无所适从，那些天里，她一直想到的词就是：回去。

回哪里去？回西安吗？那里有自己的父母，有温暖的家，对，还有大军，还有对她所有的缺点都包容的大军。

可是，当曼桢一想到大军，一想到大军在西餐厅的样子，就彻底否定了回去的念头。她要振作起来，哪怕是一个人，也要好好吃饭，好好工作，好好地经营自己。

曼桢遇到大军的那天，正好是潼结婚的日子，她急匆匆从正大广场做了头发，往附近的酒店赶。但当她走到酒店附近时，又折了回来。

潼的婚礼邀请了她，但在曼桢眼里，这一纸婚柬就像挑战书，更像一份宣判书，宣示着曼桢的失败。

曼桢跌跌撞撞地走在街上，街上的人们还在狂欢，雪还没有彻底融化，很多人争相在雪地里留影。

曼桢觉得自己此时就像这大片大片的白雪，看上去是那样洁白耀眼，但很快，就会化掉，化成一滩水，化成蒸汽，最后化为乌有。

　　当曼桢经过红房子时，她想到了大军，那天的大军狼狈极了，他无法适应用刀叉无法适应喝红酒无法适应那种细嚼慢咽的样子。她还记得当初在西安时，一起吃面条的样子。大军大口大口地吃着，有时候吸得满面都是汤汁，曼桢就在旁边哈哈地笑，然后递过去一张纸巾。

　　那时候的曼桢是那样单纯，是那样善解人意；那时候的大军是憨态可掬的，是高大的，是值得依赖的。

　　天渐渐地黑了下来，曼桢仍然走在街头，她感觉自己像流浪的野猫，找不到自己的窝，也找不到一口温暖的食物。

　　这时候，手机响了，是大军来的。大军在电话里还是粗大的嗓门："曼桢，是你吗？我马上就下班了，我可以见见你吗？"

　　大军的声音越来越小，小到快听不清了。曼桢知道，大军是有意压低声音，他怕自己不高兴。

　　曼桢点点头："嗯，你到红房子来吧，我等你。"说完，曼桢的眼泪滂沱而出，她就站在红房子楼下哭了很久，直到有个人走过来喊她的名字。

　　她擦了擦眼睛，看见大军手上还提着那身玩偶服装，一脸的笑意。

　　大军问她："你咋啦？怎么不进去，我知道你喜欢吃这个，今天我请客。"

曼桢摇摇头，说："大军，咱们去吃面吧，我不喜欢吃西餐。"

曼桢带着大军到了一个巷子里，那里有家地道的西安面馆。曼桢对老板娘说："来两碗羊肉泡馍。"

很快，两碗羊肉泡馍上了桌，两个人狼吞虎咽一会儿就吃完了。曼桢咂咂嘴，看着大军，大军也抬起头看看曼桢，两个人同时哈哈大笑起来。

曼桢笑中带泪，说："大军，我们回去吧！"

大军没有说话，只是把手中的酒一仰脖喝了下去。

走的那天，曼桢没有告诉大军。她清晰地记得，在正大广场的门口，大军掀开面罩的那一刻，身后有一双眼睛一直盯着大军，那眼神曼桢懂得，她也曾这样看着潼。

火车由东向西，越驰越远，穿过一个又一个城市，穿过富饶的江南，穿过广袤的中原，穿过秦岭，穿过群山。

只是，过了秦岭，还有情关。

陪伴
　是最长情的告白

迎面奔过来一个少年，白皙瘦弱眼神莽撞，他与我擦身而过时，我看到一颗纽扣滑落下来。我弯腰拾起，想欲回头追去，却发现少年早已不见了。

　　我永远都记得，在那个十里长堤上，外公像丰子恺画笔下的老人，迎着月光走路的样子。他一瘸一瘸地朝前走着，步速很慢。

心中常住着一个少年，那是一段不堪回首的岁月

昨夜又做梦了，梦到蒙眬的清晨，一列操练的队伍，队伍里一个少年新兵笨拙的样子，每每摆臂都是顺拐，他既紧张又认真的样子，分明是我认识的一个人，那是我邻居家养女的儿子。

现实中，他并没有当过兵，梦就是这么荒诞，总是借着现实中存在的人，发生着不可能发生的事。

我还记得小时候，他到处奔忙，跟着父亲走街串巷，赶在周末或者城管未曾出现的地带练摊。他们卖过锅碗瓢盆衣架针线之类的日常用品，也卖过珠串项链类的手工艺品，还做过那种用汽枪打气球的营生。

他父亲是那种沉默寡言的人，总是低着头，不爱说话，脖子上有一条刀痕，像极了那种藏匿于市井隐姓埋名的侠士。我

曾经溜达到他们的摊位前，免费尝试了一把。结果，那天我枪枪命中，他不停地在旁边给我递"子弹"，那种像小飞镖一样的子弹，飞出去就像一支离弦的箭，随着啪啪啪的声响，气球闻声而破。

就是从那天开始，我们成了很好的朋友。

他姓钱，他也一直在为钱而努力。

练摊的时候，他很用心，也很专注。相较于他看上去憨厚老实的父亲，他有着小生意人的精明。他曾邀我去家里玩，那是一幢复式的房子，楼上住人，楼下的房间堆满了货物，这些货物就是他和父亲到处练摊用的。

他曾经拿出一把汽枪，告诉我，其实那不是汽枪，是真枪。

我被他的话吓了一跳。那时候刚刚结束严打，别说是真枪，就连淘气宝们打鸟用的汽枪也被收缴得干干净净。他们家因为是生意需要，那种打气球用的汽枪并没有没收，但未曾想，他竟然还藏着一把真枪。具体枪的型号尺寸，我已经有些记忆模糊了，但我有印象的那是一把步枪。

钱说那是他爸爸以前跑船运时用的，他爸爸在长江里跑运输押船达二十年，经常船靠了码头，黑灯瞎火的，难免碰见打家劫舍的，拦路抢劫的，收码头钱的。他爸爸就备了这么一把真枪，那还是通过黑道的朋友从北京昌平买回来的。自从有了那杆枪，他爸爸押的船再也没被抢过。

直到有一天，他爸爸押的运输船遇上了大风浪，被迫靠在了扬子江上游一处浅滩上。那天风雨交加，本以为靠岸后可以借处人家休息，再购些吃食。没想到，大雨下了三天三夜，大风差点将船上的桅杆刮倒。

船上的食物已经用完，不得不下船去找吃的。他爸爸从船上刚跳下来，就遇到了歹徒，一把刀明晃晃地架在了脖子上。他想回船上拿枪显然来不及了，只好举起双手，声明船上已经一无所有。歹徒不信，架着刀让他带路，他想着船上有枪，最好的打算就是拿着那把枪给这帮歹徒一个教训，最坏的打算就是跟他们同归于尽。

他爸爸引着那帮人上了船，除了几个跟船的船工，还有一个烧饭的大嫂，果然是空空如也。歹徒们去搜货物，但这次他们拉的是江里的沙子，不值钱，就算值钱那也是带不走的笨重物。歹徒有些泄气，又去搜他们的房间。

他爸爸趁歹徒不备，一声大喝，抢先向自己的房间奔去，脖子上也就留下了那么一道伤口。他爸爸奔到房间后第一件事情就是找枪，但枪呢？他以最快的时间将房间翻了一遍，包括他一直藏枪的地方。

什么也没有。

他疯了一样到处寻找那把枪，直到歹徒逼了进来。他只好束手就擒，那是他人生中最颓败的经历。歹徒们并没有杀人灭口，只是将船上稍稍值钱的东西都搜刮了去。他越想越窝囊，越想越觉得事情蹊跷，好好的一把枪怎么就不见了呢。

第二天雨过天晴，他看到江上的飞鸟从头顶掠过，好像什么也没发生过。的确，他们也没有受过多大的伤害，除了脖子上的那道伤疤。但恰恰是这道伤疤，让他感觉到耻辱。他知道，这是他最后一次押船了。

晚上的时候，他坐在船舱里发呆，整整一天他都沉浸在无比的颓唐之中。直到他瞥见桌上的一把枪，那分明就是自己想驱逐歹徒时要找的那把枪，怎么又突然出现在眼前。一定是有什么人做了手脚，或者是故意在那个时候将枪拿走了。他觉得这是个阴谋。但一切都没什么意义了，找出那个人又能怎样，一切都发生过了，不可能再回到前夜。

钱说他爸爸回家后，就把那把枪藏在了密密匝匝的货物当中，再也没拿出来过。他爸爸再也没有押过船，只是拉着他出去走街串巷练摊，每次见到他爸爸，我似乎都能从其眼神中读出些什么，有些时候是左右躲闪，像担心着什么；有时候又有些像鹰隼般犀利，但瞬间便会消失。

钱还说：他爸爸对自己管教很严，不许他和别人发生言语冲突，更不许打架。但钱长到十八岁以后，他爸爸基本上就管不到他了，他经常独自一个人去练摊，练完摊，他也会去夜总会逛逛。

有一次，我看到他从夜总会搂着一个衣着暴露的女子出来，许是喝多酒的缘故，他竟然没认出我来，一把将我推开。那是我第一次看到他如此蛮横，我想他也许是因为在父亲面前做够了小绵羊，终于有了发泄的机会。

钱是在他十八岁生日那天被警方带走的，原本那天，他爸爸为他办了成人宴，邀请了所有的亲朋好友，包括我。但那天，钱一直没有出现，我看见他爸爸坐在客厅的角落一言不发，几天没洗的头发耷拉在额前，像故意扯下的帘布，以遮掩不想示人的部分。

钱终究是跟人打架斗殴，被警方带走。钱被带走的第二天，就听说他爸爸将家里的货物全部拉到郊区的一处空地烧了，整整烧了七个小时，连周边的土地都被烧焦了。我知道那些货物里一定有那把枪，我也知道那次焚烧到底意味着什么。

前两年的一个冬天，我在街头碰到钱。

钱已经人到中年，脸上布满了皱纹，脖颈处有一道深褐色的疤痕，乍一看，有些像他爸爸。他低着头从一个学校的大门出来，一手牵着一个小女孩，另一只手里拎着一只长长的包，那是他女儿的吉他也可能是什么琴。

我跟在他身后，远远地看着，我总觉得那包里是一把枪，一把可以冲锋陷阵勇猛无敌的枪，一把可以保家卫国立满功勋的枪，也可以是一把在夜雨的船上，本可以保护自己尊严的枪。

我记起钱跟我说过，他爸爸是越战老兵，所以对用枪了如指掌，曾经有在南疆的战场上凭一把枪狙杀过二十几个敌人的纪录。如今，他和他爸爸一样，都归于平淡的生活，从前光辉而灿烂的日子一去不复返。

其实，我一直想告诉他，我很想摸摸那把枪，那把他们家里私藏的真枪，就是因为那把枪，我执着于穿上军装的梦想，后来真的参军入伍，摸遍了所有我想摸到的枪。

但没有一把枪像钱家里的那把，连枪柄上都写着故事，猜也猜不透，读也读不懂。

我的战友赵赵

赵赵是我的战友，也是我的老乡，我们是坐着同一趟军列驶往北方的。

在南京站候车的时候，我们就坐在了一起，地上堆满了背包（后来叫内务）、行李箱以及随地扔弃的食物包装袋。因为要去北方，所以大家都穿得很多很臃肿，汗液从每一个毛孔弥漫出来，到处透着一股青春荷尔蒙的味道。

也就是那会儿，我认识了赵赵，还有其他几个新结识的战友。对，从那天起，我们从各个学校出来的素不相识的同学变成了战友。

新兵集训的时候，赵赵就表现出了他的劣势，他总是身体左右摇晃，摆臂也总是慢半拍，甚至抬腿也是，加上他魁梧的身姿，在队伍里显得尤其突兀和不协调。经常，他被从队列里单独拎出来，站到排尾，或者更远的地方，不停地重复练习军姿还有各种走路的方式。

我们那时候都陷入了一种怪圈，长这么大，怎么就突然不会走路了呢？这么多年从来没有人说我们走得不对，但现在，却不得不面对现实，你所有的过去都是错误的，你需要重新来过。

这一点，我想赵赵比我们的领悟更深，我记得有一次他被罚挨着操场边沿往前踢正步，他一直踢啊踢啊，仿佛要踢到地球另一端去。

新兵下连后，我们这批南方的战士陆陆续续被分配到了各个连队的连部，也就是连长办公室这样的地方。

当时团里二十几个连队的连部几乎被我们南方兵占领了，后来我们总结得出是因为我们南方兵生得白净机灵文化程度又高，自然容易受器重。但赵赵不出预料地没有出现在这个队伍里，他被分配到了一个刚被团里合并过来的营级单位，要步行二十分钟才能到达的一个偏僻地方。

那一刻，我们都有些失落，毕竟天天在一起训练的战友们四散而去，各司其职，以后见面的机会就少了。幸好，每个连队只有连部有电话，电话是内线，只能在部队内部使用，这恰恰便宜了我们这些南方兵，我们总是在比较空闲的时候，互相拨通电话，用家乡话聊天，也就是现在所说的煲电话粥。

其实话题非常无聊和单调，无非是从前的女同学来信了，交过的女朋友跟别人走了，什么时候能探亲休假等等。但只有赵赵音讯全无，他其实离我们只有二十分钟的路程，但谁也没再提起他，好像他从未出现过一样。

直到有一次，他们营长请我去帮他们出一期黑板报，那时候黑板报是部队宣传的重要阵地，板报漂亮和板书写得好，很容易在部队混一个好差事。就在那一次，我看到了赵赵，因为和我是老乡，他负责接待我，我们就有了一天的相处机会。

那天，我们一直聊一直聊，直到聊到黑板报有了雏形，最终通过领导的审核并赞不绝口时，赵赵才把我送到了营房门口，告别时我许诺会隔三岔五来看他，他像小孩子一样露出了久违的笑容。

后来，他所在的营部归并到了团里，人员和装备也悉数跟了过来。赵赵也顺理成章地来到了我们身边，这时候他竟然也当了文书，帮连长指导员做做表格写写稿子，顺带做一些日常事务。

我去看他的时候，他非常欣喜，像招待客人一样接待我，生怕怠慢了我。他进进出出地忙碌，不停地接电话被唤走，好像有做不完的事情，我只好百无聊赖地坐在那里，和他的指导员聊天，一度我都想跟指导员提议，让赵赵歇会儿，哪怕歇一小会儿。

赵赵送我走的时候，我看到他的头发几乎全白了，我说你别把自己搞得压力太大了，我们都还年轻，还有很长的路要走。

第二年，我就调离到了上级部队，临走的那天，所有的战友老乡都来为我送行，唯独赵赵没有来，我知道他一定又在忙碌，他把自己变成了一颗陀螺。之后，我们几乎没再联系，他在年底就退伍回家了，而我还在部队。

休假的时候，父亲告诉我有一个战友电话里找过我，我突然想到赵赵，一定是他，可是他为什么到现在才找我呢？

我给他回了过去，果然是赵赵，他约我去他家玩。

他家在城郊的一处坡地上，村庄很漂亮，周围有大大小小的丘陵各种各样的树木，还有小溪流，他带着我把每个角落都串了一遍，似乎要把他二十年来的人生都走一遍给我看。

最后，他带我去他的房间，进门的刹那，我惊呆了，他的房间俨然就是一间部队的宿舍，雪白的墙壁，洁白的床单，被子叠成了豆腐块，墙上挂着军用挎包和水壶。他给我介绍的时候脸上洋溢着幸福的表情，说自己一直坚持这么做，因为太想念军旅生涯了。

只是，我心里有些疑惑，在我心里，他的军旅生涯一点也不快乐，每天都在忙忙碌碌，处处小心翼翼，生怕有一样做得不好会被挨骂体罚。也许，每个人的内心深处都有某种情结，在他身上表现得更甚一些罢了。

日子如水般流过，赵赵做过水产生意，贩卖过酒水，也开过小公司，甚至组建了自己的党支部。他依然对我非常热情，每次回家探亲，他都要来接我。

　　他带我去看他的公司，陆陆续续搬了几个地方，但无一例外的简陋，员工也没几个，连他自己都说这里都是些皮包公司；带我去"新四方"吃饭，我们夹在喧嚣的人群里排队买饭，然后找一个人少的角落窃窃私语；带我去洗澡，虽然是那种大众浴池，不时冒出来衣着暴露的中年卖淫女还是让我大惊失色，我不得不一次次催促他"走吧，走吧，离开这个鬼地方"。

　　骑着破旧的二手电动车，将我从新街口带到湖南路，一路上风驰电掣，我们大声呼喊：明天会更好的！甚至他还给我介绍过女朋友，那是一个脸上有高原红的女孩，在城北的新民路开一间两平米的炸鸡店，那天，他在酸菜鱼里加了些锅巴，确实很香……

　　他并不知道，他所做的这些我并不是真的需要，但我不想违背他的热情，他用自己的方式履行了一个好战友应尽的义务。

　　赵赵跟我聊他的爱情，说他一直在等一个女孩，因为互相爱慕却又不能在一起，这种痛苦难以言说。

　　我说你可以直接表白啊，他说怕捅破了会影响那份美好。

　　终于有一天，他跟我说，女孩接受他了，他真的要结婚了。

我祝福他同时也告诉他，我要离开部队了，我是带着激动和欣喜的心情跟他分享这个消息的。

　　他有些诧异，说你就不能不走吗？我就你一个在部队的战友了。

　　在他眼里，只要还有一个战友在部队，他心中的军旅情结就还有寄托。

　　我说你在部队待的时间太短，你不懂。

　　他说我就是喜欢部队，部队那么好，你为什么要走呢？

　　我无法解释清楚，是啊，部队那么好，我为什么要走呢？我们开始有了分歧，有了争议，突然变得形同陌路。

　　现在，我们生活在同一座城市，距离就像当年我们所在的团部和营部，只不过二十分钟的步行路程，但我们就像从未认识过一样，老死不相往来了。

那些时光里游走的人，是我们再也遇不见的自己

时光太快，我们追不上它。仿佛昨天还在看樱花，访蔷薇，现在却已入了大暑，要一脚踏进初秋的姿态了。

我和母亲走在幼时生活过的街上，雕梁画栋的明清建筑早已不复踪影，换而代之的是钢筋水泥的门面房。

母亲指着右边那家糕团店，说："这家店有十几年了吧，竟然还在。"

我想辩解，却什么也说不出口。因为那家糕团店在我印象中并不存在，早先这里应该是一家猪肉摊，那个屠夫与母亲相熟，母亲习惯性地挑剔每块肉的肥瘦，油腻程度，有没有充血，有没有冷冻，屠夫总会适时地解释说生活没有那么容易，每块肉都有它的脾气之类的话，母亲就呵呵地拎起一块，说："切一条给孩子炒菜吃。"

屠夫满面油光，汗涔涔地接过肉，咔咔两刀，剁完了扔进一个塑料袋里递了过来。

母亲说这里是一家糕团店，怕是我求学后不常回来，肉铺早换了东家而我不知，母亲倒常来光顾。这里就像一个舞台布景，角色总在变换，屠夫早已不见踪影，如今这里的糕团店都有十几年光阴了。

母亲又指了指那家卖对联的店面，这里已经变成了一家面粉加工店，生产挂面、玉米面，还有饺子皮馄饨皮之类的。从前那个写对联的白胡子老人怕也是作古很多年了吧，我依稀记得他总是着一袭白袍子站在那里，笔直笔直的，手执一支狼毫，写出的字苍劲挺拔，力透纸背。

平时他写喜联挽联，过年时写春联，整条街就他一个人做这门营生，生意自然好，但他好像很随性，别人买了他的长对联，他会送出一个福字，说这是添福的意思。

从前的人说话就是这样谦逊有礼，讲究个和气生财，谁听了都熨帖舒服。

往前走是一家五金店，原先是一家理发店，我问母亲为什么理发店不开了，母亲撇撇嘴，说理发师前两年就过世了，这个人呐就是夹生，说话刻薄着呢。

在我的记忆中，理发师个子不高，人很白净，约莫四十岁年纪，总是爱梳一个油光水滑的分头。极爱干净，怕是有些洁癖吧，店里纤尘不染，每理完一次头发，都会把地扫一遍，桌子清理一遍，才顾得上下一个顾客。

小时候喜欢到他这里来理发，理发师傅的手艺好，手法也轻柔，经常理着理着，我就睡着了，他会轻轻地扭正我的头，像微风拂过湖面，蜻蜓掠过青草尖，轻轻的，痒痒的，抚摸着，拨弄着，然后我又睡着了，头朝一边歪去，他又要去扭正我的头。每次理发都需要近两刻钟，时间长是长了点，却真正是享受。

理发店的前面是一家浴室，旧时习称澡堂子，一直记得里面昏暗潮湿的样子，休息厅很大，放置了很多张躺椅和床铺，有一位老人总是趿拉着一双拖鞋，在里面走来走去，一会儿帮忙收拾客人的衣物，一会儿叮嘱客人要注意保管好财物，然后才吧嗒吧嗒地去捡拾客人随意扔在地上的拖鞋。

浴室入口处也总有一位中年人帮忙收拾毛巾，帮客人擦背，他看到小孩子过来，会一把抱起，用一块毛巾将小孩整个儿地包住，再咯吱着小孩的腋窝扔回到大人的怀里。

浴室里总是雾气蒸腾，水池分温热两个，喜欢泡澡的会在比较热的水池里待着，等泡上个几刻钟，才换到温水区。很多人不太讲究，便会在水池里搓背搓身搓脚板，不一会儿，水池里便漂满了污垢。

每每如此，我便执拗着不肯下水，父亲就一把夹住我，连拖带拽下了水池，我扑腾几下便老实了。

如今澡堂子变身为一家超市，客人可以自由选择自己需要的商品，他们不知道自己脚下踩着的是一片湿漉漉的旧时光。

还记得澡堂子附近有一家照相馆，照相馆老板是一个大龄单身文艺男青年，喜欢琢磨胶片相机，拍出的照片不用修，个个像电影明星似的。很多人从四面八方慕名而来，找他拍照。他对长得好看的人尤其照顾，会把洗出的照片敷上膜，作为对客人的优待。

那时候堂姐正值青春期，却已出落得亭亭玉立，经常打扮得花枝招展约了女同学去拍照，女孩子们挤在小小的照相馆里，叽叽喳喳地讨论着发型和脸上的腮红，老板也很有耐心地坐在那里等候，一边用录音机播放着小虎队的音乐，一边叫她们放松不要紧张。偶尔，他也会走过来，翘起兰花指帮女孩子们扎头发。

后来发现他对漂亮的男生更加青睐，有个长得眉目清秀的男同学经常去他那里，这位同学给我们看过他的照片，竟然可以塞满整整一书包，他诡秘地笑说这都是照相馆老板免费帮他拍的。

再往前走是一家商场，小的时候，商场都是国营的，我的第一件海魂衫，第一个皮球，第一架玩具飞机都出自这里。那时候商场有开票员，有收费员，开票员和收费员之间有一根长长的线连着，上面夹着一只铁夹子，他们就用这只夹子夹着票据和钞票，在空中画上一个来回的弧线，便完成了一笔交易。

那时候很好奇，总是央求着开票的阿姨把夹子取下来给我看看，开票阿姨原来是唱戏的，脸长得好看，皮肤白皙细嫩，说话声音也好听。她会哄着我说，让你妈妈给你买玩具啊，买了就给你看。母亲便会笑骂她，说："你呀，真会做生意。"然后，她们互相哈哈地笑了起来。

母亲说这个阿姨后来调走了，为了自己钟爱的戏曲事业，但后来还是下岗了，戏院早散了。

这时候，迎面奔过来一个少年，白皙瘦弱，眼神莽撞，他与我擦身而过时，衬衣在我身上蹭刮了一下，我看到一颗纽扣滑落下来。我弯腰拾起，想欲回头追去，却发现少年早已不见了。

我手捏着那颗纽扣，晶莹透亮，能映照出自己当年的面孔，也如刚才少年般清晰，一颗泪珠掉下来，掉在纽扣上，瞬间又模糊了。

月光下的瘸子外公

对于外公的瘸一直流传着两种说法，一种是因为工伤，这个具体情况我并不了解，在外公生前也没太多人去解释这件事情，因为在我年幼记事时，外公便瘸了，也因此而提前退休；另一种说法是从母亲那里得来的，她说有次坐外公的自行车回家，路经一处满是泥泞的碎石径，而两旁是布满巨石的悬崖，外公一路上都在提醒母亲不要乱动，以免翻车出意外。

但年少的母亲终究抵挡不住两边奇异的美景，总是左顾右盼，外公一个不慎摔下车去，重重地撞到了路边的石头上，从此落下了腿瘸的毛病。

外公去世十多年了，我几乎不曾去坟前扫墓，就这一点来说，我是不孝的。几次我想提出和母亲一起去扫墓，但都怕没时间而会错失。

母亲跟我说过，像祭祖、扫墓、烧香这种事，一旦出了口便定要成行，无论刮风下雨，就是天上掉子弹也要去，不然会遭报应的。因着这句话，我硬生生将扫墓的念头给打消了去，一晃便是十几年。

外公托梦给我这件事，本来是打算一直隐瞒下去的。但后来，我实在忍不住了。原因是我连续两次莫名发高烧，紧接着孩子也发高烧且不退。在纷纷病倒的那一刻，我向母亲和盘托出，我说我梦见外公了。

母亲向来是相信托梦这件事的，但这次她没有问我梦的内容，也没问外公有没有说什么，只是点点头。她帮我们抱着孩子，大汗淋漓，孩子很懂事，连嘤嘤声都没有，只是睁着一双无辜的眼睛望着地上，望着地板上纵横交错的木纹。

我还记得外婆去世时，同样做了一个梦，然后我就病倒了。直到几天之后的晚上，母亲就打电话来告诉我外婆走了，第二天，我的病就奇迹般地好了。

我想，这次也是一样的。一定是外公想我了。

最后一次见外公还是他躺在医院病床上的时候，因为化疗的缘故，他本就稀疏的头发开始脱落，脸上的老年斑尤其严重起来，像一张铺陈开来的远古地图。

我打完开水便对外公说，我去帮您买几张报纸。

在我记忆中，外公经常躺在一张藤制躺椅上，慢条斯理地戴上一副缠着绳子的老花镜，然后铺开一张报纸，静静地能看上一个上午，直到茶凉了，他才欠身喊外婆过来给他斟上开水。

　　一旁的外婆说："不用了，他现在也看不了。"

　　外公笑笑，说："谁说我看不了。"

　　在他眼里，晚辈做什么都对。

　　我知趣地说："要不我给您买个收音机吧，这样就不闷了。"

　　外公已经笑出了声，都十几年前的事了，我还记得那笑声，是欣慰的，是本可颐享天年的笑。

　　那时候，大舅一家远在江西，二舅已经英年早逝，后辈里唯一能照顾外公的就是三舅和我母亲，而我也远在遥远的北方。那次也是赶上奶奶去世，才有机会去探望外公。

　　那几年，好多老人都离去了。他们就像秋天的柿子，熟透了，纷纷离开了光秃的枝丫。

　　外公一辈子出了名的谦和，有着旧时文人的脾性。无论谁提到他都会竖起大拇指，说，英俊会计这个人是好人呐。一个"好人"一定包含了太多的意义，在那个艰辛的年月，许是太多人得了他的帮助，或者知晓他的人品。他们和她们，好像无数的人都认识外公，夸赞外公，甚至连带我们都像脸上抹了光，出得门也底气足了。

　　就算后来他瘫了，提前退休了，可以说人走茶凉了，也没少受人尊重。在可记事的年月里，我所受的那些礼遇多半来自于旁人对外公的敬重，进而影响到生活的方方面面。

外公一生精打细算，说话也是七弯八折，稍有不合理的语言是万万不会出口的。所谓三思而后行，对凡尘琐事也是三缄其口。但在外婆眼里却成了三棍子打不出个闷屁，所以外婆一辈子都在唠叨，说得唾沫横飞也无济于事，也换不回哪怕一句叹息。

最让外婆不能容忍的还是外公的"正直"，在她眼里就是迂腐和无用。她一直都在埋怨外公在生前没有给几个儿子谋一份像样的工作，导致大舅远走他乡，二舅因为情感和事业不顺而自杀，只有三舅稍好一些，接替他提前退休的工作，也在九十年代后下岗了。

原本看上去异常和睦团结的大家族，因为外公的"不作为"而变得分崩离析。但外公并不承认是自己的过失，他一直认为年轻人一定要靠自己，而不是依仗前人的荫庇苟活一世。

外公是在二舅自杀后才一蹶不振的，他似乎意识到自己的思维在当下的格格不入，这个物欲横流的社会再也不似从前那般美好了。他一下子老了许多，抽烟的频率也提高了。为了不影响家人，他经常需要挂着拐杖，跑到窗外咳嗽，那里挂着一把年轻时常吹的唢呐。

我记得有一次他取下来，跟我说："你想不想学？"

我摇了摇头，外公并没有恼怒，而是笑着说："现在的孩子，对这些都不感兴趣了，真的不一样了。"

在我记忆中，外公退休后，一直在搬家，直到去世后，外婆才在他们初恋的那个小镇安顿下来，那是他们下乡时相遇相知相爱的地方。

每次搬家，父亲都会直摇头，说这一次不知道能不能安顿下来。但往往都是事与愿违，很快，他们又迁往了另一处住所。在所有的住所里，最不能忘的是一处公路边的石砌的房子，据说是在外公祖屋地基上翻盖的。房子三面是稻田，只有正南方是一条长长的窄窄的水渠，水渠上有一块石板，每次进出都要踏着这块石板。过了石板就是公路了，那时候公路还没有铺沥青，完全就是一条河堤的感觉。

在我看来，那住所就是一处世外桃源，偏偏外公又在门前开了一片小店，卖一些烟酒日杂，就避免了真的与世隔绝，过路人多多少少会踏着那块石板，过了水渠来，买一两件东西，与外公聊聊家常。那时候三个舅舅都还年轻，只有母亲一个人出嫁，逢着时令节日我们都会过来探亲。

那也许是外公最恬静的一段岁月，他经常坐在呈凹字形房屋的凹槽处，那里避风，又迎着正南方的公路，有客人来，他总是能第一眼瞧见。但大多数时候，他手里握着报纸，摇着蒲扇，堂屋的正中央是赵紫阳和邓小平的画像。

两侧的屋子里分别住着几个舅舅，他们有的去求学了，有的赋闲在家把玩着文革时没被抄尽的铜钱古玩。偶有鸟雀来栖，在渠中的芦苇上暂歇，又飞将过来，栖于屋檐下，筑那永远也筑不完的鸟窝。

我永远都记得，在那个十里长堤上，外公像丰子恺画笔下的老人，迎着月光走路的样子。他一瘸一瘸地朝前走着，步速很慢。在他的身后，不足三米处，是个小小的身影，也跟着他一瘸一瘸地赶路。直到更后面的一声怒斥，那个幼小的身影才停下来，望着渐渐远去的背影，融入月光的碎影里。

听我说完梦见外公的事，母亲一直没有说话，只是点点头，嗯了一声，像是在应承什么。母亲很少会向我提出什么要求，她一定在等我说出什么，然后便欣然应允着随之前往。

日怕过晌午年怕过中秋，一年过得尤其得快，很多时候我们说触景生情，原本就是因为那里有你思念的人。我不是悲秋的人，但在这月将圆的夜色里，我竟无端忧伤起来，或许有些路总是要赶的，而有些人也总要去看看。

有多少离乡背井，就有多少牵肠挂肚

初来厦门，接我的司机一路上都在给我讲解厦门的美景。

这里是最早的保税区是填海造成的陆地，这里是全国离市区最近的机场，这里是厦门第一座大桥厦门大桥，这里是集美大学，是爱国华侨领袖陈嘉庚于 1918 年在家乡集美创办的，有着浓浓的南洋风情。

但我最感兴趣的还是路两旁高大茂密的凤凰花树，此时开得正艳，浓烈得像彩霞满天。更妙的是司机告诉我，刚刚下过一场雨，结束了近一个月的阴霾，天上的白云都镶上了金边，"看来你明早醒来就能看到这一个月来第一个蓝天了"。

过了轮渡，到了鼓浪屿，下榻在朋友的朋友的一幢别墅里。别墅紧挨着鼓浪屿最有名的酒吧一席酒吧，到了晚上有足够多好听的歌伴我入眠，而不远处就是赵小姐的店。

朋友的朋友因生意去了香港，偌大的别墅只有一位约莫五十多岁的阿姨和我们相伴。阿姨一身睡衣，忙着给我们换鞋，一下子让我想起母亲，她们倒是有几分相像。进了房间，的确如此，她们都爱忙忙碌碌，有点小洁癖，地上掉的每根头发，都会适时捡起。在你将渴未渴的时候，会及时地倒一杯水放到你的面前。甚至，洗手间里用的洗漱用品和化妆品都一模一样。所以，对阿姨的亲切更多了一分好感。

很巧的是在来厦门的动车上，看到一篇林青霞《云去云来》里的连载文章，写到她的小秘书。

林青霞真的是一个情商高的人，她称自己的生活保姆为小秘书。在文章里写她第一次服务便剪了个青霞头，虽未对她有比较细致明确的要求，但小秘书每天清晨都会提前出现在自己的卧室外面，只要一声低唤，她便会及时出现。

小秘书是林从老公的一众生活秘书里挑出来的，觉得她清纯勤力可信任，但有些大头，存钱的时候经常不看便说是一千张，结果存下来才几百张。林青霞并未责罚她，而是觉得她单纯可爱。

想必，不是每一个雇主都会像林青霞这般知性怜人，但小秘书一定有她的过人之处。做得久了，小秘书提出辞职。

林青霞知她到了婚嫁的年龄，问都没问，便说你该找个好人家了，如果有一天想回来尽管可以回来。小秘书很感动，但她此时更在乎的是他的情郎，一定在不远处等着她。

这世上，最没有错的便是爱。林青霞的别墅再好，那也不是自己的家。

也听父亲说过一个故事，那是一个在上海有钱人家做保姆的阿姨跟他讲的。

当时他们都坐在从上海回家的候车室里。那位阿姨是父亲的同乡，所以很快便聊到了一块去。她告诉父亲，自己在主人家带两个双胞胎孩子，从出生开始，一带就是七八年，如今孩子都上小学了，她也想着回家照顾日益年迈的老头子，还有儿孙。

但两个孩子与她有了感情，死活不让她走，赖在地上哭着不肯起来。主人没办法，加高薪给她，挽留她，让她陪孩子更久一点。但她还是拒绝了，她自己也老了，家里有自己的孩子，还有孙子需要照顾。

所有的亲情，都能蹚过千山万水的思念，到达你心最深处，将你在夜里揪醒。这个阿姨边讲边哭，好似这对双胞胎已然是自己的孙子，那种不舍已经深入骨髓。

许鞍华在电影《桃姐》里描述了一位旧时保姆的典型例子，安静、隐忍、尽职尽责，无怨无悔。叶德娴扮演的老仆人，为刘德华饰演的少爷 Roger 的家族工作了整整六十年，伺候过老少五代人。

如今年逾古稀突患中风，少爷 Roger 突感茫然，又忙于工作四处奔波无暇顾及。在桃姐的要求下，只好把她送去老人院。

虽然 Roger 知道他们仅是主仆关系，知道有一天终将分别。但直到将她送去老人院，经历一系列意想不到的事，他才明白，这位一直服侍他的老人，已经如自己的母亲一般，渐渐老去，开始需要他人的照顾。

这是一部有尊严的电影，其刻画的人物形象在中国这几十年来也实为少见。"人生最甜蜜的欢乐，都是忧伤的果实；人生最纯美的东西，都是从苦难中得来的。我们要亲身经历艰难，然后才懂得怎样去安慰别人。"

一部平静如水却暗潮汹涌的电影，一个我们在街头遇见都不会仔细看的一个老人，他们是那样简单地活着，为了他人，唯独没有想过自己。

晚上我们回去的时候，阿姨已经洗完澡在客厅看电视，她说她最爱看电视剧了，这可能是她唯一的消遣了。

母亲与她一样，也喜欢看电视，但因为忙碌，经常顾不上。偶尔看过一两集好看的剧集，便会与我讲，边讲边唏嘘，唉声叹气，为剧中人的悲情大恸。

我笑话她，这戏里都是演出来的，没必要当真。而她却总是说戏如人生，戏里有的，想必生活中也有，不然戏从何来。

有那么些年，我在部队里待着，隔着千重山万重水，母亲一边操持着家务，一边念叨着我。

电话里，她告诉我，大姑妈去世了，隔壁的老孔去世了，你外婆去世了，你外公去世了，谁家的孩子已经添了两个孙子，很是可爱，谁家的媳妇离婚了，留着个孩子没人照顾很可怜。

母亲在告诉我这些事的时候，总是带着浓浓的感情色彩，说到外婆外公去世的时候，她会哭得泣不成声；说到隔壁家新生的婴儿时，又会多了几分羡慕的语气。

阿姨说："洗漱的东西都放在那里了，你早点洗澡休息哦。"阿姨是典型的闽南口音，不擅的普通话带着长长的拖腔。

这让我想起在澳门葡萄牙餐厅遇见的一位女侍者，因为只有她稍会普通话，所以便殷勤地过来招呼我们。我问她是哪里人，她答自己是潮汕人，来这里打工五年多了，一年才能回去一次。

她和招待我们的阿姨一样，一定是背井离乡，白天的时候，忙碌着自己应做的活计，守着异乡人比自己的家人时间还多；到了晚上，看着无聊的电视剧打发着时间直到深夜。也一定是怕梦里的短暂相聚，会惊扰白日的魂魄，而在雇主面前失了大体。

鼓浪屿的夜色浓黏醇厚，仿佛带着葡萄酒的气息。干净的房间里，有古早的香味，隔壁的酒吧终于传来了熟悉的歌声：后来，我总算学会了如何去爱，可惜你早已远去，消失在人海……

经不住似水流年，逃不过此间少年

大舅已经第三次打电话给我妈，索要我的微信号码了。

那天他在南京拍了无数张照片，几乎每走出十米开外就要拍照，他生怕错过每一个可以摄录下来的景色，犹如生怕错过每一个和家乡重逢的片刻。

我终究没拗过他的坚持，加了他，收到了一张张并不清晰的照片，有的人影扭曲了，有的景色是模糊的，有的整张照片就是一圈一圈的光晕。

我跟他道谢，并承诺会带回家给我妈看。

在这些照片中，仅有一张清晰的是他与现任妻子的合影，他们站在南京著名的夫子庙文德桥上，双臂相拥，显出很甜蜜的样子，背景是灯火通明的街市和秦淮河对岸的双龙戏珠灯壁。

这张唯一清晰的照片是我给他们拍的，他最后才发过来。

正是这张照片，让我觉得大舅或许是真的找到幸福了。

大舅是我妈同父异母的弟弟，十几岁就与我妈分开了，所以亲情甚浅，唯一的联系就是逢年过节的一通电话。

我对大舅的印象异常模糊，仅能依靠我妈的描述才能得知一二。甚至我都无法将他和我妈还有挺拔英俊的外公联系到一起。大舅身高才一米五，也许还不到。如今发福了，更无法想象他现在的样子。

那天，我去地铁站接他，他在地铁站门前徘徊，来回地踱着方步，间或还搓着手，远远地看去，他就像一只醒目的陀螺。

看得出来，他很紧张。毕竟我们三十年没有见面了。上次，他见我，我还刚上幼儿园，而他自己也不过是个刚二十出头的小伙子。

我接过他手上的两个提包，他又拉了回去，说自己拎得动。我又将那两个旧得像上世纪八十年代乡镇干部出门时才用的提包夺了过来，转身就走在了前面。

大舅一路小跑紧跟着跟我寒暄，说："本来不想来的，太打扰了。"

我说："大舅，你见外了，这里是你姐姐家也是外甥家啊。"大舅又说："这么多年没见了，你也长高长胖了，小时候多瘦啊。"

我说："是啊是啊。"

我们的聊天多少有些生分，但好在路不远，转眼就到家了。

我妈开门迎接，我看见后面气喘吁吁的大舅，还有远远才跟上来的他的新任妻子。

大舅说："你走路怎么这么快啊，是当兵时练出来的吧。"

我说："是啊是啊，都习惯了。"

我妈泡茶的当口，我从家里找出一只空的拉杆箱，递到大舅手上，说："你们把包里的东西都收拾一下放到箱子里吧，这样路上也能轻松点。"

舅舅和他的新妻子再三推辞，说："这怎么好意思呢，过来你家已经给你们添麻烦了，怎么还好意思再要箱子呢。"

最后还是大舅边收拾东西往箱子里放，边说："我来之前就说要买一个拉杆箱的，你舅妈不让，她舍不得，你舅妈可是个会过日子的人呢。"

我这才打量起这个从未谋面的舅妈，在我记忆中，大舅妈还是原来的那个大舅妈，前些年因病去世了。据说大舅妈患病期间直到去世，大舅的日子过得很惨，因为长期支付高昂的医药费，一度连回南京老家的路费都没有。所以，这么多年他也没再回来过。

现在的大舅妈是舅舅新认识的，听他们说只隔着两条街，是因为在一起上班日久生情才走到一起的。大舅说："她是七零后，读过一些书的，很通情达理。"我妈便在一旁不停地附和："挺好的，挺好的，现在日子总算好过了。"

大舅又说："好是好，就是头脑还是有点问题，不发作的时候真的挺好的，对我也很关心……"

他没有继续说下半句，我和我妈心里都咯噔了一下，毕竟前面的大舅妈也是因为脑子上的毛病，久治不愈才去世的。现在，大舅怎么又给自己找了个有着同样病情的老婆呢。

舅妈脸上一直堆着笑，问她能不能听懂我们说话，她说能听懂一些。然后，她便对大舅耳语了一阵，我们都以为她提出要去赶火车了。结果，我隐约听出中山陵之类的话，便问是不是要去中山陵玩。

那天天气异常的冷，风也大，我妈本来是打算在家里招待他们，想着火车站也不算远，吃完晚饭送他们上火车，时间上刚刚好。

我看到大舅脸上现出一丝愁容，便对大舅说："是舅妈想去景区玩吗？要不，我们去夫子庙吧，中山陵这会儿很冷，一会儿天黑了就更冷了，晚回来火车就比较赶了。"

然后，大舅像得了喜讯般对舅妈说："外甥说要带我们去夫子庙，南京最有名的景点之一。这些天光顾着走亲访友，都没怎么逛呢。"舅妈有些兴奋的样子，已经站起身来要往外走。

到了瞻园路牌坊前，大舅就开始掏出手机拍照，一会儿拍风景，一会儿拍路人，一会儿又拉着舅妈要给她留影。他们就在人群中不停地举着手机，一度还跑上了快车道。

我妈看着他们忙碌的样子，直摇头，说："你大舅啊从小就爱拍照，他年轻时候穿西装打领带戴咖啡色墨镜的照片我还保存着呢，那时候小伙子不要太洋气哦。"

趁他们忙着拍照的当儿，我妈开始了电影回放般的絮叨，说："你大舅可怜呢，十几岁离家上学，然后二十多岁了还没找到像样的工作，后来听在江西工作的亲戚说国家在开发革命老区，到那边发展或许有前途。"

于是，大舅便背起行囊孤身一人去了江西。

我妈说："你大舅去的并不是南昌，而是九江下面一个县，要从南京中山码头坐轮船到九江，然后再坐长途汽车到县城，前前后后要折腾好几番才能到。"

我妈在大舅结婚时去过一次，说："那哪是什么县城哦，还不如我们这里的乡镇呢，街道破破烂烂，也没一条像样的路，都是石子铺的，坐个车能颠得人五脏六腑都移位了。"

"大舅家也是穷得叮当响，烧饭用的柴火都没有，还是我偷偷跑到对面人家偷些过来，才算是烧了一顿团圆饭吃。"

我妈说起这些来，就没完没了了，满脸的同情和怜悯。

这些年，大舅偶有电话来，特别是春节，他必然是要打电话一一问候的，他从未在电话里诉过苦，总是说在那边挺好的，哪怕是大舅妈生病了，需要长期住院治疗，他也没向老家的亲人要过一分钱。有几次，南京的亲人都纷纷劝他，说要是日子不好过了，就回来吧，这边总比那边好。

大舅从未说过对自己的选择有所后悔的话，他总是劝慰家乡的人，说那边其实挺好的，小城，安静，消费不高，压力也不大。后来，大舅妈去世，儿子也渐渐大了有了工作，日子一点点好过了，紧接着又买了新房。大舅将自己新房的每一个角落都拍了照片传过来，给我妈看，说："你看这厨房，这灯，是不是挺好的，都是我自己设计的呢。"

我们边走边聊，他们边走边拍，一会儿就到了文德桥上。我说："我给你们拍张合影吧。"

我招呼着他们靠得近些再近些，他们相拥着，这时候路灯都纷纷亮了，照在他们的脸上显得很和煦，我拍完给他们看，他们笑得合不拢嘴，说还是我外甥拍得好。

过了文德桥，我对他们说："这里除了秦淮河，秦淮八艳的传说，还有乌衣巷呢。"

于是，我便背诵了那首著名的"旧时王谢堂前燕，飞入寻常百姓家。"告诉他们这首诗指的就是这里，舅妈说："都不记得了，不记得学过这么一首诗了。"

然而她还是很认真地去到巷前的石碑前，看上面拓刻的字，大舅从背后看着她，一脸的爱意，手上的手机又举了起来。

夜幕降临，我带着他们去附近的大排档吃饭，大舅说："怎么好意思让你们破费呢，看这排，一定很贵吧。"

我笑笑说："你们难得回来，这里是南京地道的小吃店呢，不贵但有特色。"

那天，大舅和舅妈非常开心，一边听着南京白局，一边吃着秦淮小吃。大舅一个劲地感谢，说："这么多年，家乡变化太大了，要不是你们带着，怕是好多地方都不认得了。今天本来是直接去火车站的，看着时间还早，便过来看看你们，也没带什么东西。"

我妈只是笑，是那种客套的寻常的但又有些不可名状的笑，他们姐弟之间的亲情早就因为千山万水的阻隔变得有些生疏。

大舅初离家时不过是个体态轻盈的少年，如今早已过了天命之年，身形也日益臃肿起来。在他的记忆里，母亲还是个年轻的妇人，带着年幼无知牙牙学语的我，如今我人到中年，母亲也是年近花甲，抱起了孙子。

舅舅从微信上发完照片，说："这会儿你在上班吧？"

我说："是的。"

他说："打扰了。"

我不知道如何回答他，该怎样跟他寒暄，听他倾诉。

在漫长的岁月里，我的内心里从来没有为这个舅舅留出一个位置，头脑里也从未有过这个舅舅的角色。他的出现，是那样唐突，那样生硬，那样不知所措，那样客气，那样生分，那样保持着恰到好处的距离。

这些，我们都无法解释，也永远找不到答案。

只要想起一生中美好的事，梨花就开满了南山

和一帮老友聚会，酒过三巡，竟然玩起了开心话大冒险。几个中年男人夹杂着几个年龄不等的女人，玩起游戏来却毫无违和感。本着八卦的态度开启了一个令所有人都神往的世界，说着说着，话题由男女关系转向了星座，最后竟然直接指向了初恋情人。

女人们说起初恋，有的说遇到过渣男，渣男都有共同的特征，一边对自己颇为用心，一边对别的女人也是一往情深。渣男在失去自己后，会变着法子折磨自己，打探隐私，进行人身攻击。渣男会在许多年以后再次相见，依然会表现出十分的殷勤。

也有的说遇到过师生恋，用八九十年代最原始的传纸条方式开始沟通交流，然后渐入佳境。但因为年轻女孩难以承受的

心理负荷，还有学业的压力，被迫主动分手。和自己情投意合的男老师在失去自己后闪电结婚，并从此染上了嗜酒的毛病，在几年后因为肝癌而离开人世。

听到这些，众人唏嘘不已。女人们的初恋总是这样凄凄惨惨戚戚，让人听来我见犹怜。而女人们却早已云淡风轻，说起往事时也是轻描淡写，像诉说琼瑶故事里的男女主人公，分明是身外事了。而男人们却陷进了往事的风波里，不能自拔。

所以，当男人们开始讲述初恋时，则呈现出完全不一样的一种氛围。

一个做酒店的朋友分享了自己的初恋女友，那是一个公众人物，当身边的朋友将朋友圈里的照片公之于众时，大家都纷纷咂舌，一边赞叹这位朋友的眼光独到，一边调侃追问当初恋爱的细节。而这位朋友许是对初恋女友还存有心结，说到后来头低了下去，并暗示大家不要在事后提起。

这毕竟是一场游戏，但大家又深谙其中的规则，自然点头应允。原来，前几日，他与初恋女友重逢，时隔多年，大家并无联系，饭桌上的眼神交流，多少有些尴尬。

那位初恋女友如今是两个孩子的母亲，而这位朋友也已有了一个可爱的公主，并视为掌上明珠。所以，他说，如果说未来还有什么期待，或许最大的期许就是女儿，那才是他一生最爱的女人。

公务员朋友说话底气足，声音仿佛是从胸腔里出来的，让人怀疑是不是为了应付一些场合而专门练过。

他也毫不讳言，说自己其实挺压抑的，每天要把自己包裹得紧紧的，穿衣戴帽要端正守礼，说话做事的分寸也要拿捏得当，倘若有天酒喝多了，失了态，便几日不得安宁，心里面揪得慌，像是做错了事，自责不已。

他说起初恋的往事，则像他的身份一样，尺度把握得相当好，他说那是一段青涩而懵懂的爱情。两人是同学，对上眼后便相约去学校旁边的玉米地聊天，做着少男少女才有的亲昵动作。直到临毕业前夕，女孩约了他到宿舍，舍友们知趣地离开。

那天晚上，他们缠绵了很久，却始终没有冲破最后一道防线，直达青春的命门。所有人都笑话他，说是不是当时太过于紧张，或者因为第一次而不得章法，白白损失了一次大好的破处机会。

现在，他回想起来，说自己大概是怕承担责任，那时候，大家不过是十七八岁年纪，而那个女孩却要求他娶她。人之初的欢愉才刚刚开启，就要面临巨大的重负，他只能临阵逃脱，做一个多年后只能回望感叹的橡皮人。

茶馆老板的故事最妙，他讲述的时候，运用了很多的景物描写，便也增添了几许抒情的成分。

茶馆老板是个有文艺情结的人，年轻的时候因为母亲的决定，而选择了理工科的大学，毕业后也从事着男人们最热衷的IT事业。人到中年以后，他选择忠于自己的内心，与同样离职的妻子在城市的山郊野隅开了一家素面馆，每天看书习字，抚琴侍物，过着令人艳羡的世外高人般的生活。

说起初恋，不知道是不是酒精的缘故，他的眼睛有些红红的。他从小在外地长大，那是一个相对贫穷的地方，父母因为下乡去了那里。但严厉而不甘于现实的母亲坚守着一条回城的信诺，并坚定地要求儿子不允许和当地的孩子成为朋友，更别提交一个当地的女朋友，厮守终身。

但他恰恰在当地的学校里结识了自己的初恋女友，那个女孩是他一生中最不可忘却的记念。他说，那个地方很穷，但真的很美。秋天的时候，能看到满山遍野的玉米地。当听到玉米地的时候，大家又哄堂大笑起来，但不妨碍他继续沉浸在自己的故事里。

他的正式和矛盾表情令我们都安静了下来。他几次提到秋天这个词，提到秋天金黄的玉米地里从未牵到的手；提到秋天梨花布满学校周围的样子；提到秋天夕阳下橡树伸出高高的枝丫，每片叶子都像在说着情话。

猜他大抵是因为太过于怀念她，所以他说起往事时有些情绪激动，但用词却又如此考究，考究得像一篇写意的散文。他的记忆里尽是美好的东西，美好到四季只剩下秋天，美好到让我们一度怀疑是否人为增加了一些想象的部分。

他和初恋女友感情的戛然而止，自然也是迫于母亲的压力。因为在他将要高考的时候，母亲就要带着他离开这里，回到城市，回到一个可以给他更好前途的地方去。

在他年少的世界里，他不得不屈从于母亲的指令，和女孩做最后的告别。

告别的部分，他没有说。或许就从未有过告别。而如今的他，仿佛蹚过万水千山，历尽人世的艰辛，到达了某种彼岸。却在这样的一个场合，突然惦起。他说，如果这是爱情，或许就是自己这一生唯一的爱情了。

酒店老板有些不敢相信地看着他，说："那你夫人算什么？这么多年的陪伴又算什么？"他有些不置可否，只好唯唯喏喏地说："或许初恋就不能算是爱情吧。"

爱情到底是什么？

这句话是他的开场白，却也向所有人抛出了一个疑问句，爱情到底是什么？是一见钟情的怦然心动，还是长长久久的安然陪伴；是惊心动魄的你侬我侬，还是心如止水的平平淡淡。所有人各执一词，却终没有一个完美的答案。

一生我们会遇到很多自己喜欢的人，谁也没法定义哪一段感情是真的爱情，但似乎所有人都会有一个共同的心结，那便是对初恋的念念不忘。

　　无论是悲喜与共还是离合相斥，每每说到初恋时，都像揭开了往事的书页，每一页上都写满了一生中最初最纯真也是最美好的记忆。那些人生的过往，有多少人会反复温习，又有多少人会追悔不迭。

　　就像张枣写的那句诗一样：只要想起一生中后悔的事，梅花便落满了南山。而记忆从来都是被我们过滤成了剪辑的片段，这些片段里无论是景象、人物还是语言，都极尽渲染的美好，只要一想起这些美好，脑海里都是金黄的玉米地，还有满山开遍的灼灼梨花。

你只要
　　站成一棵树就够了

那是我第一次感受生与死的瞬间，有那么一刻，或者更长的时间，我已经毫无意识。那是一种与睡眠不一样的感受，好像要离地而去，永远地飞离地面。

　　人活着，不光是身体会生病，精神也会。为了生存和事业，由尖锐变得世故，由棱角变得圆滑，这些都是病，我们在自愈的同时，又生出了新的病。

在灾难和意外面前，我们都命如草芥

　　有那么几年，每逢暑假，远在安徽的姑父都会过来接我。

　　我一直不明白他为什么要这样风雨无阻，在我年幼的时候甚至嫌弃他的到来。他身上破旧的衣服，黏乎乎湿答答的汗味，还有他头上那顶漏风的草帽，都让我觉得无法靠近。

　　每次他来，都兴冲冲的，好像抬着大轿来的，好像我这么隆重了，你还有什么好挑剔的。我执拗着不肯跟着去，大些的时候我都开始用言语侮辱人身攻击了，比如，他们家的菜有一股抹布味，他们家地上都是鸡屎，他们家后面的池塘每天都有臭味，诸如此类，好像是去坐牢而不是去做客。

　　我都这样无理取闹了，姑父仍然乐此不疲，一脸的虔诚，好像不把我求回家就会有灾难降临似的。

直到有一天，母亲跟我提起一件事，是关于姑父的。她说："你还记得姑父家有个小伙伴吗？跟你差不多大。"

我摇摇头，母亲继续说："你大概忘了，你姑父以前有个儿子，跟你一样大，你们一直在一起玩的。"

听到这话，我差点跌坐在地上。就好像之前的日子都白活了，好像人生就这样被轻易改写了。因为在我的记忆中并没有这样一个男孩，与我一般大，还和我有过一段童真无邪的友情。

母亲说："你仔细想想，是不是你们经常去江边玩？他就是后来在江边玩要掉到了江里，淹死了。"同时，母亲还不忘夹带一个刚考上名校的毕业生暑假去江边玩，也落水身亡了的消息，意思是你少给我去江边玩。

我突然明白，姑父为什么一直对我视如己出，一直希望我能在他家多待一段日子，哪怕一天一个时辰一秒钟，哪怕我总是满口抱怨和不情愿，他仍然没有一丝一毫的不耐烦。在他的心里，一定是因为我的到来，能让他空缺的心底有所慰藉。如果那个还活着的男孩也如此任性，他也会这样温柔相待吧。

这是我人生中听到的第一个关于意外死亡的故事，且与我息息相关，又好像无关。就算我漠然漠视漠不关心，但每当夏天来临，我都会成为一个替代品，我会想到姑父行色匆匆，好像要完成一件使命一样，把我从家里接走，接到那个离江沿不过几百米的地方，一间黑咕隆咚的屋里。

不远处的江边是他儿子经常去玩的地方，也是消失的地方，也许一直就在那里，从未长大。

那时候，真的不明白生老病死的恐怖，就算到了高中，我们的体育老师强行要教我们前空翻和后空翻，我们以各种学习压力大女生大姨妈来了为由，也不能阻止他传教士般的决心。

他总是苦口婆心地重复着自己的一段经历，那是一场车祸，因为他会后空翻而侥幸逃命，而其他人都多少遭遇了劫难。

他说着说着会眼含热泪，好像死亡离自己很近，那些消逝的生命在跟他对话，告诫，求援。然后，他规劝我们，我不是要逼你们，真的，直到你们哪天遇到同样的灾难了，就知道我说的话多么重要。

我曾经有一段在工厂打工的时光，因为经常加班要很晚才能回住处。回去的路上已经很累了，踩着脚踏车的双脚已经轻飘飘的，终于有一天，在经过一段黑路时，车子磕到了一块石头，我整个人飞了出去。当时，我只感觉眼冒金星，瞬间便毫无知觉了。

等我醒来的时候，我已经被扶到了床上，弟弟在旁边照看着我。我以为自己已经死了，没想到还活着。那一次，我伤得很厉害，整个半身都血肉模糊，半边脸也破了皮，下巴更是伤到了骨头，流了很多血。

即便如此，我也已经无力去医院，因为在离家较远的一个城市，不能告诉父母，我只能躺在床上等伤口自己愈合。第三天，我终于可以下床，才在弟弟的搀扶下去医院涂了点红药水。

医生很惊叹，说："你们也太马虎了，就算不怕流血过多，也不怕得破伤风什么的吗？"

那是我第一次感受生与死的瞬间，有那么一刻，或者更长的时间，我已经毫无意识。那是一种与睡眠不一样的感受，我能感觉到自己的灵魂在飘浮，在上升，好像要离地而去，永远地飞离地面。

参军入伍后，经常要参与一些国防建设的劳动。记得有一次我们一行人去挖坑道，那种坑道有点像防空洞，但施工的人说这是电缆沟。要是不用抡起镐啊锹啊挥舞的话我还是乐意在那些洞里穿梭来去的。

这种罗蒂蒂克想法在午饭后便被我付诸了行动，我和另一个战友躲到坑道里一个拐弯的地方躺下休息，那里有风吹进来，凉凉的很舒服，很快，我们便睡着了。

不知道过了多久，我们才醒过来，坑道还是那个坑道，仍然有凉风吹进来，但战友们呢？我们撒开腿就往外面跑，所幸，他们就在外面的工地上干活。队长过来只是用一种很怪异的眼神看着我们，那种眼神至今我都记得，充满了恼怒愤恨埋怨担心的复杂情绪，但当时他什么都没说。

后来我们再也没有无知地做这样一件事，因为据说刚挖的坑道随时都可能塌陷，想想都心底发凉。

2002 年，我参加了为数不多的一次与邻国的联合实战演习。我是主动请愿上战场的，一路上，我们颠簸着，经历着零下几十度的严寒考验，但每当偌大的夕阳映照着每一张疲惫的面孔时，我却真正感受到自己的存在，一种勇敢而坚毅的存在，那是一种在暖室里待久了被遗忘的内心涌动，是属于男人无形勋章的光热。

每天，当我们起床时，就已经能听到坦克从身旁经过的声音，轰隆隆的，裹挟着滚滚的烟尘，遮天蔽日，伸手不见五指。一直以为和平年代的演习不过是走个形式，但只有真正上了战场你才会发现，一切都严酷得让你不敢相信眼前的现实。前线炮火飞扬，你能在咫尺之间看到火苗的飞射，而人本应雄壮的怒吼声在炮火中显得那样微弱。

那场演习，没有输赢，但在营房里每个枕着枪的日夜都让我想到生死。事实上，每次演习都会有战友牺牲，每次听到这种噩耗，大家都非常沉默。只有在摘帽鸣枪过后，才能听到一声齐刷刷悲痛的呜咽，像大雁划破天空，像宇宙再次洪荒，像昨日和明天再次重叠。

信息爆炸的年代，每天都有天灾人祸的声音从各方传来。与我们有关的会第一时间打探查询消息，问候灾区的亲人；与我们无关的，或许很快便淡忘了。同样作为铁道老兵的姨父，曾经随部队驻扎在北京的东大门唐山。似乎所有人想到唐山，都会联想到那场旷世难平的地震灾难上。

但我从未听姨父提起过，姨妈说，你姨父当年也是参加救灾的官兵之一，没有人比他更接近死亡，也没人比他更清楚死亡的可怕。

也正是因为此，后来姨父得了癌症，硬是在他强烈的信念下，病愈出院了，至今健康地活着。

前几天，一个报社的好朋友突然很悲痛地跟我说："心情不好，没心思上班。"

我问他："你是生病了还是失恋了还是生病加失恋了？"

他说："都不是，就是心情不好，抑郁得不行。"

后来，我才知道，是他小学的同学去世了，想着自己正当壮年，正是干一番事业的年纪，但与他同龄的同学却因突发疾病离世了。

上学的时候听过一个故事，是讲蜉蝣的。

有一天黄昏，一个走在森林里的人，遇见了一只蜉蝣正在哀伤的痛哭，那人问蜉蝣："你为什么在这里哭泣呢？"

蜉蝣说："我的太太在今天中午死了，所以我才在这里痛哭呀！"那人说："现在已经黄昏，你也很快就会死，何必哭泣呢？"蜉蝣听了，哭得更伤心。

那个人不禁莞尔，蜉蝣朝生而夕死，中午死和黄昏死有什么不同，何必哭泣呢？于是他就离开了。

等他走远了，他才想到，从人的眼光看来，蜉蝣的一生虽是如此短促，中午和黄昏差别不大；可是从蜉蝣的眼睛看来，中午到黄昏就是它的下半生，那下半生也是和人的下半生一样的漫长呀！

在宗教者眼里，任何人的命运都是前世注定的，寿命亦是如此。

在我看来，这些冥冥中的注定不过是自我安慰，同时也是可以慰藉他人的良药。在灾难和意外面前，我们都命如草芥，任何富贵苟且都无法战胜，而我们唯一能做的，就是且行且珍惜。

每次出去看风景，都能看到许多爱情

　　秋天去合肥实在没有什么风景可看，当然其他季节也不一定有。似乎这里的人对这个城市都没有什么感情，饭桌上大家聊的大多是皖南和黄山，当然还有碧山、呈坎和塔川。

　　相对于这些诗情画意的地方，合肥实在是太普通了，就像这个城市在全国城市中的模糊定位一样尴尬。

　　好在这里不缺朋友，更不缺酒。只要有人有酒的地方，自然会派出生各种各样的圈子，有了圈子便有了感情，有了感情，自然便会有爱情的滋生。

　　快快是一家酒吧的负责人，晚饭后他骑着一辆带拖箱的电驴子，说要拉着我们三个人去他在大学城的酒吧喝酒，因为身体不适我找理由推托了。一来我从没泡吧的习惯，二来我知道这几个人都是酒疯子，去了不喝趴下怕是回不来了。

果然第二天我们相约去肥西画家村的时候，快快仍然有些神智不清的样子，据说他昨晚喝完第一趴后，又到别的朋友店里喝了第二趴，大约在凌晨四点的时候在人家店里的沙发上睡着了。

至于喝了多少酒，他说自己从来没有计算过，因为家里就酿酒，在酒味中倒下，在酒味中醒来，早已习惯了早餐就饮酒从早喝到晚的习惯。

所以，快快作为引路人，一路上都在说话，但却没有将一条路指对过。我们就按照他的指引，从南二路跑到西二环又跑到了北二环，终于沿着偌大的董铺水库朝着画家村的方向去了。

不知道是因为快快酒喝多了，还是因为他真的就是路痴，兜兜转转到了画家村的时候，其他人早就等在那里，喝上了画家庐哥自酿的米酒。

画家村很美，有着未经过度修饰的古朴。

斑驳的墙上爬满了丝瓜、豆角的残藤，地上的南瓜也被这里的农户收走了，远处是大片大片的杨树林，映衬着如烙饼般又圆又红的夕阳。

所有人都在夕阳的美景中醉了，只有快快在有着柿子树的院子里走来走去，手里拿着杯米酒，魂不守舍的样子。

差不多一个小时的车程，便听到了关于快快的几个爱情版本，对最近的这段快快似乎没有什么信心。快快是山东人，心直口快，有着山东男人的鲁莽和耿直，唱起摇滚也会吸引一众文艺女青年。

他和女朋友慢慢在一起好几年了，一直没有实质性的进展。所有人都劝快快对慢慢好一些，像他这样玩世不恭的浪子，能有一个女孩这样不离不弃，该好好珍惜。但快快不以为然，他说自己养了一只流浪猫，爱极了，但慢慢不喜欢，几次三番将猫放走。

也许快快不懂，一个女人如果一再赶走自己心爱的东西，无非是想获得重视与爱。快快与慢慢听上去是那么般配的一对，但有时候就像他们的名字一样南辕北辙。

快快言语中已经开始流露出成家的想法，从前的快快留着长发，放荡不羁，四海为家。现在他说可能以后不会再这么喝酒了，也不再会为了情怀而放弃赚钱的机会。

这样的一个浪子，如果有一天真的停下来，归于山林，真是难以想象会是什么样子。

乐乐是另一家酒吧的老板，是不折不扣的九零后，他的酒吧在一幢文艺青年聚集的楼上，里面高高低低放着一些宽大慵懒的沙发，可以供许多人懒散地挤在一起喝酒听歌。

乐乐和女朋友子夜就是在自己的酒吧里认识的。当时乐乐在台上怀抱着吉他，自弹自唱了一首腰乐队的《我爱你》，坐在台下的子夜就哭了，她哭得梨花带雨稀里哗啦的，让乐乐有些不知所措。

后来子夜告诉乐乐，她听过无数人唱过这首《我爱你》，只有乐乐能唱到自己的心里。后来，他们就走到了一起，到现在已经两个多月了。

"我会稳住我自己，像昨天吻住你。今天我来举杯，喝醉那所有的魔鬼。"乐乐后来也为我们唱了这首歌，子夜就坐在下面，这次她没有哭，全程笑得很灿烂。

恋爱就是这样子的吧，哪怕只有自己一个观众，也会为你笑到最后。

据说画家村的夜色也很迷人，但我们什么也看不见了，上弦月的微光不足以照亮任何一条道路和路旁的野花。路过一个小广场时，那里竟然放映着露天电影，上面的红男绿女正演绎着这个世界上最令人艳羡的爱情。

只不过却无人欣赏，村子里已经没有什么人了，除了那些足不出户的画家，就只剩下一些守家看院的老人，他们趿着小脚鞋子，手拄着拐杖，就那么远远地看着我们，就像看星外来客。

这里本是属于他们的，他们在这里出生长大，在这里找到爱情，一起劳作，并相继老去。而我们的到来，只会打扰到他们的宁静。于是，油门便踩得大了一些，林中的飞鸟也受了惊吓，忽地飞了起来，像偷情男女被捉了奸的夺路而逃。

回来的路上，除了谈论合肥的美食，自然少不了再次提及朋友们的爱情。

阿元的老婆是个漂亮的阿联酋空姐，说一口标准流利的英文。结婚后便辞去了工作，专心打理阿元的副业，那是一家在城南老巷子里的汤圆店。

你无法想象一个走在路上回头率百分百的空姐，扎起头发戴上围裙起早贪黑钻入一家路边小店成为老板娘的样子。

但事实就是这样，我们是那样坚定地相信爱情，却因学不会妥协而屡屡失败。而空姐做到了，你可以用无数的词去猜测这段感情的可能性，但无法否认他们出双人对时的投缘和默契。

阿立和阿元是同一个乐队的，一个玩贝司，一个玩尺八，这两种风马牛不相及的乐器被他们糅合得天衣无缝，恰如其分。

阿立不像阿元那么成熟淡定，总是像个猴子般跳来跑去，在我们坐着喝茶的空当，他甚至会伏地挺身做起了俯卧撑。你又怎么能将这样一个大男孩和一个三岁孩子的父亲联系在一起呢，看上去他更像是一个玩乐队的不羁少年。

离合肥越来越远了，快快这时候应该赶往酒吧在为一场乐队的演出做预热了吧，而乐乐也一定拥着女朋友子夜去酒吧为客人倒上一杯这里的人最爱的婴儿肥啤酒，画家庐哥回到城里的家和妻儿享受天伦之乐。

我还记得快快说过，这个城市很小，圈子也小，但好在大家能互相抱团取暖，才不至于在这俗世里迷失。

当昔日仰慕的人物，纷纷坐到了你的对面

　　有一阵子，特别喜欢看一档电视节目《谁来一起午餐》，那个阶段总能从身边人那里听到上海文媒圈的各种八卦，当然也包括这档节目的主持人袁鸣的。但那些绯闻和八卦并不影响我对她的喜爱，她的智敏，她的机巧，都是当时女主持里的翘楚，况且作为出身狮城舌站的佼佼者，成为大陆最早最红的脱口秀主持人，当之无愧。

　　后来在一次图书活动中，有与她近距离接触的机会，便觉得也并非传说中那样，倒是亲切和蔼，少有那些年轻主持人的做作和卖弄。

　　当然，让我更感兴趣的还是那档节目，是讲草根创业的。通过选拔出的草根精英以智慧和勇气赢得与中国商业顶尖领袖

共进午餐的机会。那时候我还在上海工作，还算年轻，对财经和创业类节目十分痴迷，觉得这个世界一切皆有可能。

那几年，因为做媒体的缘故，经常要参与一些面对面的采访。有一次应邀参加了一个大型的时尚盛典活动，来的都是大陆及港台的一线明星，年少时的偶像悉数登场，可以伸手相握，可以短暂的交流，自然激动不已。

张曼玉、刘嘉玲、朱茵、莫文蔚、梁咏琪、梁家辉……那些港片里熟悉的身影，一个个从身边惊鸿掠过，有种站到了电视屏幕里的错觉。但他们的确就在你的眼前，你可以向他们提问，可以让他们转过身来面对你，甚至可以让他们摆出你想要的姿势和你合影。

那一刻，反而不那么激动了，好像他们就应该在那里，是注定的相遇。

昨天，参加一个朋友组织的雅集。作为宅男的我，因为很少出门的缘故，竟不知道这个城市已经有了许许多多各种各样的圈子，他们会不定时地聚集在一起，吟诗作画，谈笑风生。而予我，偶尔三两好友的聚餐就已经是奢侈的了。

雅集上，好多人是从屏幕上走下来的，也有从画册上、书上、舞台上、声波里走出来的。比如从北京来的赵鹏，也许听多了大众音乐的人不太了解他，但我却作为他的终极粉丝已迷了他的歌声好多年。

因为他低沉的男声演唱，《船歌》《把悲伤留给自己》《你的样子》被他演绎得缠绵悱恻，竟比那些原唱更易打动人。

昨天他演唱了一首蒙古民歌《乌兰巴托的夜》，一度让一个女生感动到在朋友圈里絮絮叨叨聊到了后半夜，差点就要以身相许了。

现场还有学生时代最爱的播音员，是他们用声波将一首首我们不曾相逢却似久别重逢的歌变成了每晚最美妙的相伴。

当听到黄凡这个名字时，我竟然噌地站了起来，有种肃立的仪式感。

很多现在的年轻人也许并不知道他的名字，但对于南京的听众来说，整个上世纪九十年代和新世纪初的十几年间，他的声音，他帅气阳光的外型，传遍了南京的大街小巷，也红透了整个金陵城。

因为好多年不在南京的缘故，对于一切关于南京的前尘往事倒也知之甚少了。就像那首李志的《你离开了南京，从此没有人和我说话》，人一旦离开一座城市，便与这座城市或明或暗地划清了一些界限，你的手从此挽起了别人，也开始享用起他乡的美酒和夜色。

掐指算来，黄凡竟也离开南京有十余年了，无论是时间还是空间，都无任何交集。如今，广播不再像从前那般火热，昔日的偶像却仍然在他熟识的领域做着与音乐相关的工作。

在他身边听他讲现今的创业思路，还有对音乐的理解，只字不提过去的辉煌，便觉得好多事是因为我们是隔着一整个世界在观察对方，而如今面对面的对话，却像未曾谋面的老友，满满期待着即将到来的日子。

当各自散去时，都走得很远了，黄凡回头对我大喊：先走了，拜拜。夜色迷离下，我竟觉得是在和青春告别。

和黄凡同时代的还在南京的几位 DJ，如大卫、李强、吴继宏等人，这些当年红极一时的 DJ 如今有的做了领导，有的做了幕后。我永远记得，那一个个漫长的炎夏，是听着他们的声音度过的。那时候的 DJ 不是只播放歌曲，还会经常阐述自己的见解，对当时的港台歌曲乃至西洋音乐，都有自己的理解和发挥。

现在由于一些活动，经常可以近距离见到他们，他们从电波里走到线下，突然走到你的面前，倒不似那么带着光环了，他们就那样平易近人，像好朋友般与你倾心交谈，仿佛时光和你开了一个玩笑。

命运会随着我们的成长，将你曾经期待的、希冀的、憧憬的，也有你不乐于想见的，都一一推到你的面前。

当你因为这些从天而降的相遇时刻而欣喜或不安时，好多的虚妄也接踵而至。毕竟生活是自己的，而那些你梦寐以求的知遇瞬间，终将随着时间逝去，化成光阴河里的泡沫。

过年了，空出来的地方都是异乡

　　每年到了寒冬腊月，三五好友都会约了去泡澡推拿，一来解乏，二来可以治治我们这些年因久坐而引起的各种脊椎病关节炎。

　　做推拿的时候，发现几个技师小姑娘都来自于同一个地方。但看得出来，她们并不像我们想象的那样和睦。都说三个女人一台戏，她们边做着推拿，戏也就开始上演了。

　　其中一个身材较壮实的胖女孩，性格开朗，说话也多。她一直不停地问身边的朋友需不需要再用力一点，还是手法轻一点。朋友本是个不多话的人，便没怎么搭腔。

　　胖女孩便接二连三地问他是不是不开心了，说："人活着，开心最重要。你看我，都要过年了，也回不了家，不也活得开开心心的。"

给我推拿的是个身材不错的女孩，她便笑话那个胖女孩，说："你能吃能喝，当然开心了。"

胖女孩便回击："是啊，所以我胖嘛，哪像你们身材这么火辣。"她边说边自怨自艾起来，"唉，像我们这种人，喝水都会胖的，而且个子又不高，出门都要穿高跟鞋，我最怕穿高跟鞋了，上次穿高跟鞋差点摔倒，哈哈哈。"她说着竟然笑了起来。

给右边朋友推拿的女孩一直沉默不语，她面相清秀，性格也温婉，一直安安静静地做着推拿，任凭胖女孩怎么调侃，她始终不发一语。

胖女孩继续自说自话："你是不是又不开心了呀？还是我推拿得不够好，哪里不好你可以说的。"

帮我推拿的女孩有些忍不住了："你好好推拿就是了，说这么多有什么用呢。"然后她话锋一转，"唉，今年过年又回不了家。"

我说："你们过年不放假吗？"

她说："过年客人才多，生意才好呢，我们哪有假放啊。"

胖女孩又接茬："我们也想回家啊，可是家这么远，几天的假期都白搭在路上了，回去待个一两天又有什么意思。"

说到回家的话题，她们的性情似乎也温和起来，没了先前的剑拔弩张。

身材较好的女孩便说："我们在县城，还好一点，不过还是要先坐火车到武汉，然后再转乘几个小时的汽车，大清早出发，到家也是天黑了。"

胖女孩说："你们是县城还好一点，我们家在乡下，到了县城要坐车到镇上，到了镇上还要再坐车到村里，有时候一天都到不了家，还要在县城过一夜呢。"

身材较好的女孩说："是啊，主要还是交通不方便，不然我们还能多回去几趟，想想小时候过年多有意思啊，哪怕吃一块爸爸买回来的糖妈妈亲手打的糍粑都能乐半天。现在回去最怕父母催婚了，老是问有没有交男朋友。你说，我们日夜颠倒，每天累得筋疲力尽，哪有时间和精力去找男朋友啊。"

胖女孩也伤感起来，说："我妈也一直催我，可我不能随便找啊，我得找一个像我爸那样的。我爸是当过兵的，年轻时候可帅了，他退伍后当了村长，哦，不对，是村书记，管着村里百十号人呢。村里有什么事情，都要找他商量，我可崇拜我爸了。"

这时候，那个沉默寡言的女孩说话了："先生，你能翻个身吗？我帮你把肩捏一捏。"说完又沉默了。

她的沉默，让整个房间都安静了下来，仿佛空气也凝滞了。

很快，善于调节气氛的胖女孩，终究没有受她的影响，继续述说起自己的故事："还是小时候好啊，无忧无虑，现在越长大烦恼越多。我爸现在也老了，他因为举报了一个贪官，结果贪官没有被拿下，自己倒被拿下了。现在，我爸就在家里待着，像被软禁了一样。听说还有人盯着他呢。"

身材较好的女孩说："你爸没想过去举报吗？现在国家打击贪官管得紧呢。"

胖女孩说："天高皇帝远啊，我们那么落后的地方，要变好还不知道猴年马月呢。"

身材较好的女孩便奚落她："所以，现在轮到你不开心了吗？"

胖女孩便哈哈大笑起来，说："我哪有不开心啊，我只是感叹一下而已。"

时间翻个身就过去了，一个小时的推拿在几个女孩的谈笑风生中度过。临走时，胖女孩和身材较好的女孩同时说："各位先生，你们先休息吧。"

只有那个安静的女孩，静悄悄地退了出去，像一阵风。右边的朋友说："我每次来都找她推拿，手法好，轻重拿捏得当，主要是人很安静，话不多。"

我说："这个女孩倒是很像电视台的一个主持人呢。"说完我把手机中的照片打开给他们看，他们都很惊讶两人的相似度竟如此之高。朋友说："长相这东西都是爹妈给的，而命运还是要靠自己去改变啊。"

回去的路上，发现地铁里的人少了很多。突然想起自己去年这个时候写过的一句话：过年了，城市的角落都空了出来，那个地方叫做异乡。

对于出门在外的人，就算在某一个地方落了脚，生了根，也打消不掉心头的乡愁。无论如何，那个日夜打拼的地方，都只是异乡。而故乡在他们的语境里，日益变成一个词，这个词可以是父亲、母亲，可以是一辆车、一条路，也可以是一颗糖，一块糍粑。

军人病

回家一个多月了，原来的一些老毛病怎么也改不过来。

刚回到家的时候，老妈就把早已准备好的棉褥床单洗净晒干铺到了我的铁板床上。新的内衣和袜子买了一打，说天就快凉了，凑合着够一冬天用的了。就连窗帘也定制了新的。

老妈将新的窗帘递到我手里，说："我老了，你自个儿挂上吧，花色可是我和你三个阿姨走了大半条街，逛了三个商场才挑好的。"

我说："老妈呀，您就甭操心啦，我的房间我做主。"

虽然用了老妈给买的新棉褥，但床单我还是铺上了白的，上面印着红红的五角星，五角星周围环绕着"×××部队"几个大字，看着赏心悦目的，往上面一躺，两个字：踏实。

内衣叠得整整齐齐的，袜子卷成筒儿，一股脑儿塞进了抽屉。哪天姐夫来了，送给他，他干的都是苦力活儿，内衣和袜子损耗大。至于窗帘就算了吧，整个小区就我们家窗明几净的，要是把这花里胡哨的窗帘一挂上去，岂不就白瞎了吗？而且我刚陪着老爸从花鸟市场买回来的几盆文竹和金盏菊，那盆菊花过几天就要开了，我要每天闻着那花香进入梦乡，那才叫一个惬意。

看着一天天天下太平，工作也算稳定了，但麻烦还是接踵而来。

某日回家，发现床上的床单被换掉了，变成了鲜艳的红色，上面还印着一朵朵鲜艳的牡丹和孔雀，我气不打一处来，伸手就将那俗不可耐的床单掀了开去，将放在床头柜的白床单换上。

可是第二天，旧戏重演，我不得不去找老妈兴师问罪。

老妈振振有词，说："你大姨来了，你房间里到处白晃晃的搞得跟医院似的，不吉利。"

我说："妈，你不知道，我要是不用白床单，白被套，我就睡不踏实，会失眠。"

老妈听了摇摇头，继续擦地去了。

直到晚上，老妈又神秘兮兮地过来找我，说："你能不能把窗帘挂上？"

我说："老妈，这窗户这玻璃我每隔两天就擦一次，如果挂上这窗帘，多浪费呀，你得随时让我举头望明月呀。"

老妈嗫嚅着说："我不是这个意思，对面楼上的张阿姨今天过来找我，说你每天早上起来换衣服，大小伙子一个，光着身子，她女儿刚上初中，这……"

得，跟老妈闹了个大红脸，我还是把窗帘挂上吧。自从有了窗帘，我感觉整个世界都变得不明亮了，压抑得很。我得想方设法将窗台改造一下，让它重新焕发生机。

我先是将暖瓶和几个杯子挨着大小个儿放到了窗台上，摆放得非常整齐划一。

老妈诧异地说："你要喝水可以去厨房倒啊，再说你一个人也用不着几只杯子吧？"

老妈边说边将暖瓶和杯子往外拿，我又跟在她后面将它们挪了回来。

老爸实在看不下去了，说："你不要一下班就待在家里，出去转转吧，跑跑步，遛遛弯什么的。"

我说："那好吧。"我早就注意到小区里新安装的运动设施，正好派上用场了。前脚刚走，老妈后脚已经又将暖瓶和杯子往外面运了。

刚跑到楼下，便听见老爸在楼上喊："你得戴上帽子啊，给。"

说完，老爸将一顶鸭舌帽扔了下来。嘿，还是老爸懂我，自从回家不用戴军帽了，就自备了几顶太阳帽，有运动的，有鸭舌的，也有那种老式的工人帽，以便习惯性戴帽时显得无所适从。就连老爸也十分配合地纠正我的不良作风，提醒我穿衣戴帽。

一路上清风扑面，神清气爽，把刚回到家的不适统统都抛到了脑后。转了一个弯，来到了大道上，我边跑边心里默念着数字，一，二，一……

渐渐地，默念变成了有声，有声变成了呐喊，我怀疑自己出现了幻听，用手抚了抚胸口，没错啊，声音不是从嘴里发出来的，也不是从胸腔里发出来的，那这高于马路噪音的声源来自哪里呢？

这时，身后一个声音传来："小伙子，跑步呐？从部队回来的吧？"

我点点头，循着他的脚步跟了上去，边跑边上下打量他，这位大叔不过老爸的年纪，但看上去比老爸精神多了，头发根根竖立着，面色红润，身材适中，步履稳健。

大叔没理会我的踟蹰，继续说道："别纳闷儿，瞧你这姿势和步速，我就知道你打哪来，我呀，也是一老兵，退伍啊三十年了，来，我们一起喊口号，一，二，一……"

海魂衫

　　每次去参加同学聚会，总是会抱着忐忑不安的心情。说好了以平常心看待一切，到了一起还是免不了比较。混得好的自然甘之若饴，出手也阔绰，混得不好的说起话来酸溜溜的，总是带着些醋意。当年长得好看的如今也老了，当年长相平平的却保养得风韵犹存。

　　岁月真是一把杀猪刀，剔光了脸上的胶原蛋白，还原了每个人最初的本色。唯有命运，似乎早早就注定了。在那些懵懂的时光，仿佛就有什么在牵引着，朝既定的方向前进着。

　　青松是当年我们班上的班草，当然他也可以称作校草。当年我们班被称为帅哥班，远近闻名，引得那些职校的女生们经常过来扒窗户。而青松自然是当仁不让的头号帅哥，浓眉大眼，轮廓立体，留着一头林志颖的发型，走到哪里回头率都很高。

青松的父母都是老师，从小他受到的教育就很好，为人也很谦和，从不与同学发生矛盾。青松写字也好看，经常在中午的时候练习书法。如今，他仍然温文尔雅，他说自己承继了父母的职业，做着一名教书育人的老师。

唐汉是我们的班长，有一次在路上碰见他，已然认不出来了。如今的他中年发福，整个人像扩大了一圈。我在超市门口遇见他，他带着一个小女孩，匆匆走过。后来说起，原来唐汉高考失利，又复习了一年，后来终于考上了自己喜欢的专业，后来又考上了公务员，如今是单位的二把手。

梅是班上最漂亮的女生，记得当初刚入校时她并不怎么漂亮，不知道为什么，可能是传说中的女大十八变吧，后来出落得亭亭玉立，娇俏可人。都说每个男人生命中都有一个叫梅的女同学。很幸运的是，我们的身边有了梅，自然也不缺少八卦，记得当时社会上流传有女生晚自习回家路上被歹徒劫持，梅还央求我们送她回家。

梅说，我求你们多少遍，你们都不答应，像是巴不得我要出事似的。

有男同学说，还不是你太高冷了，把自己包装成了冰雪公主，无人能靠近，还怕什么歹徒呢。如今的梅嫁作人妇，在家专心相夫教子，倒是令一众女同学很艳羡。

芸是我当年最要好的女同学，她仍然皮肤很黑，只不过当年的黑小鸭蜕变成了黑天鹅。那时候的芸相貌平平，总是和男孩子们混在一起，我就是她的死党之一，她总慨叹自己没有遗传母亲的美貌。

　　后来，有一次去她家玩，看到她的母亲，才惊为天人，她的母亲只是一个赋闲在家的家庭妇女，但烫着微卷的头发，皮肤白皙娇嫩，十指纤纤，你都无法想象那一桌好菜会是出自这双无瑕的双手。

芸中途转到别的学校，后来出国留学，回来后自己开办了一家贸易公司，经营得风生水起。芸是那种知道自己要什么的女孩，至今她独身一人。

她说，碰不到最好的宁愿单着，甚至她学电影里王彩玲的腔调调侃自己：宁尝鲜桃一口，不吃烂杏一筐。

最后大家都把话题聚焦到一个同学身上，那个同学叫俞，俞是那种品学兼优的学生，话不多，也很少参与集体的活动。但他潜心于自己的军事研究，或者说潜艇研究，俞的父亲是一名潜水兵，早早就过世了，是俞的母亲一手把他拉扯大。

俞最爱游泳，他经常一个人跑到校体育馆去游泳，一次又一次地来回，旁若无人。只有学校有比赛的时候，他的游泳天赋才会凸现出来。

每次参加比赛，他都会穿一件海魂衫，一件很少有人会穿的海魂衫，蓝白间的条纹，当他脱去海魂衫露出一身结实的肌肉时，女生们就会失声尖叫。

当时，梅和芸都对俞有好感。

有人开玩笑地问她们："如果换作现在，你们还会选择俞吗？"

梅直截了当地说："可能不会了，像我这种自带公主病的人，怕是无法接纳俞这种榆木疙瘩，我还是喜欢我现在的老公。"

只有芸沉默不语。

这个时候，大家才发现俞并没有来，俞在毕业之后，就去参军了，从此与大家失去了联系。我们还是从班主任老师那里得知，俞当的是海军，去的是北方某潜艇部队。他终究还是要了却父亲的夙愿，再次踏上披波斩浪的征程。

有人问，俞后来怎么样了？有没有人联系到他？

芸仰着头，想把眼泪倒回去，但没有成功，眼泪还是顺着脸颊铺天盖地地流下来，在这样欢闹的场合，芸一下子显得那样不合时宜。

芸说："我该走了，临走之前，我请求大家做一件事。"

说着，她从包里掏出一件海魂衫，所有的同学都愣住了。这么多年，大家只要一看到海魂衫，就会想到俞，想到俞在游泳池里像鱼一样时而潜低时而飞跃。

芸说："同学们，也许你们不知道俞去了哪里，现在，我告诉大家，他一直都在，他在天上看着我们。不，他在大海里，他是鱼，他是属于大海的，永远。"

班长唐汉看着哽咽的芸，从她手上接过那件海魂衫，将它举过头顶，说："同学们，让我们默哀三分钟吧，为了我们最好最棒的同学。"

后来，我们知道，俞是在执行一次任务时光荣牺牲的，当时牺牲的还有其他几十位将士，这次事件虽然被严密封锁，但一直对俞的去向最为关切的芸还是通过各种渠道得知了。

芸赶往俞的驻地，向俞的首长请求将俞的遗物带回。芸最终看到俞的储物柜里空空如也，除了几件换洗的衣服和生活用品外，就是这件海魂衫，只是洗得有些发白了。芸将它带了回来，挂到自己的房间。

她说，每次在街上看到有人穿蓝白相间的衣服，都会愣在那里很久，一直等到那个身影消失。

突然明白芸为什么至今单身，我记得芸说过，她第一次见到俞穿海魂衫的样子。

"我才发现，他居然满足了我小时候对于一个男性的所有幻想，成熟、胸怀宽广，而且非常勇于接受挑战。"这句话是周迅初遇李亚鹏时说的，只有炽热的爱情，才会令人对一件衣服产生幻想。

所有的爱情莫不如是吧，因为爱情，不会轻易悲伤，所以，一切都是幸福的模样。

我在整理岁月呢

年关将近，许多人都走在回家的路上，没有回家的，也在收拾着行李。而此刻，我打扫完房间，清理好工位，坐下来。这时候，阳光正好斜斜地照进来，暖暖的。

立春一过，一年最冷的时候也就过去了。窗台上的绿萝长得更旺了，大有要围剿整个窗户的架势。而那盘仙人掌还是老样子，全身的刺倒是嫩绿嫩绿的，做出一副戒备的样子。

这两种植物多么像我们内心里住着的两种人啊，一个看似粗枝大叶，无来由地疯长，哪怕遮了别人的光也无所畏惧，连声道歉都没有；另一个呢，则是安安静静地守着自己的一方小天地，用全身的刺来抵抗这个世界，拒绝长大，也拒绝和解。

这么多年，我养过很多绿植和多肉植物，很多都因为忘了浇水，或者浇了太多的水而死去了。我是那种懒散的人，认真起来会像得了强迫症，一旦懒散，就什么也顾不了了。这多像那两盆植物啊，疯长的时候疯长，抵抗的时候抵抗。

今年开始出现几种奇怪的病症，说起来其实也不算奇怪，只是之前太过于高估自己的健康了，便总是高看自己，就像高看一尊打不倒的变形金刚。

然后，病来如山倒。先是手指患上一种叫肌鞘炎的病，总是在手拎重物或者手指弯曲时，疼得撕心裂肺，但只要平放或者自然下垂，又像什么也没发生。但作为一个男人，随时随地都有可能需要手臂和手腕的力量，同事说自己也患过这种病，看过很多医生都说无药可救，唯一的办法就是少拎重物，靠自身修复。

另一种病是发生在腰椎上的，我是那种不疼得无法动弹需要卧床的时刻，绝不会去医院的人。每每侥幸渡过险关，便自诩铁骨铮铮，不为所困。

然而，这次我不得不去医院治疗，医生仍然是这样的语气："治是治不好的，只要吃药多卧床休息，不疼就算好了。"

总结这些病，都是因为工作的缘故，因为有太多的案头工作，需要码字，需要画图，有时候一连几个小时动也不动，就算机器也该生锈了吧。

因为这两次的身体欠恙，便似一种警告，人到中年，不得不服老。除了拼，我们还有很多事情可以做。

人活着，不光是身体会生病，精神也会。小时候自卑，离家后自负。为了生存和事业，由尖锐变得世故，由棱角变得圆滑，这些都是病，我们在自愈的同时，又生出了新的病。

这些病与身体的病互相作用，互相牵引，拉扯，由内而外，由心而发，人便开始衰老，在肉体和精神这对矛盾体激发到一定程度，就要面对即将来临的死亡。

所以，学会一点阿Q式的自我安慰实在很重要，还有就是要懂得微笑。微笑的作用真的很强大，这个社会苦大仇深的人太多，面对的不公太多。在面对微笑时，相信也会有所感化，无论如何，没有人会对迎面而来发自内心的微笑有所拒绝。心是真诚的，自然就会海阔天空。

出门在外，除了有人会问故乡在哪，名字叫啥，也会有人问到年龄。经常有人质疑我的年龄，毕竟两鬓都有霜发了，看上去还算年轻，这多少有些尴尬，却也暗自庆幸。这么多年，时常保持乐观的心境该是多么重要，更重要的是懂得自嘲，自我反省。

每个人都有做错事的时候，也有被做错的时候，在这种情况下，没有自省的精神是多么可怕。常常以微笑示人，在做了一件不能确定对错的事后，用一点时间去思考。

如果是自己吃亏了，有些愤懑，那不要紧，想想自己是不是也有问题，是什么原因造成现在的局面，如果真的是别人的原因，那就总结教训吧，如果是自己的原因，那就释然了，就更应该吸取经验，不要重蹈覆辙。

人最难过的就是自己那一关，存活在世，平常心又是何等重要。得与失时刻伴随着我们，在得的时候，想想自己曾付出的，那么这得就变得无比甘甜；在失的时候，想想自己又得到了哪些？

我们通常会钻牛角尖，觉得失去的太多，无法平复内心的缺失感，而这时候，是多么需要反省啊，而这反省就是得，是别人想得也得不到的财富。因为正是这些失去，才让自己以后不会再出现更多同样的失去，那这得就变得尤其可贵。

还有，记得用笔记录那些过往吧，那些不能用言语表达的，请用笔记下来，没有什么比文字更能缅怀过去的。当我们回首往事的时候，这些或真诚或虚幻的文字，都是我们的财富。

我们不能改变这个世界太多，却能一点点改变自己。我们经常会说，人生就活这么几十年，何必跟自己过不去呢？只是，大多数的时候，因为各种主观或客观的原因，我们总是在较着劲，跟别人较劲，也跟自己较劲，大多数的时候，我们不能顿悟，却可以记录下来，或许事后想想荒诞，又何尝不是对自己的一种提醒。

我们要学会感恩，感谢过去那些对我们好的或者坏的人，那些对我们好的或坏的事，正是那些让我们学会了正视自己，学会了更多的生存技巧、知识和本领。学会和世界对谈，也学会与自己和解。

我在整理岁月呢，整理风霜和雨雪，整理道路，整理车辆，整理锅碗瓢盆油盐酱醋；我在整理岁月呢，在整理思绪，整理忧伤、快乐和痛苦，整理数不尽的瓜葛、纠缠和矛盾。

我在整理岁月呢，我已经把自己放在了手术台上，解剖，像枪支一样分解组合，给枪膛擦上油，锃亮锃亮地去面对人生。

但愿我和你
　　是一支唱不完的歌

关于从前，我们素不相识；关于未来，我们素不相欠。所以，此刻，爱与不爱，都是守恒定律。

每次出游都是怀着鸟瞰的雄心，最后都是仰望的结局。

很多美好从相遇开始，很多分离从相知开启。

如果你去往一个地方，感觉似曾相识，那一定是你前世的故乡；如果你见到一个人，感觉相见恨晚，那一定是你前世的恋人。

茫茫尘世，执念最伤人。

后知后觉总比永不醒来要好，开始了就有希望！

别把爱情当避风港，谁都有疲倦的时候；也别把爱情当避难所，谁都有受伤的时候。你撑不起那把伞，就接不到那个有缘人；你还不了那把伞，就注定孤独一生。

人的一生就是一个完成悖论的过程。你努力奋斗辛勤耕耘，把每一秒时间都算计，只盼功成名就时可以坐下来享受。却不知，最好的年华就是你最辛苦的那些年。

电梯里经常会遇见楼上的一个美女，前两年她碰见我总是一副很娇羞的样子，看人的眼神里透射出隐隐的电流。后来，她肚子渐渐大了起来，再后来，肚子又瘪了下去。最近又碰到，她连头都不抬，侧着脸就过去了。

人生的很多错过，都是缘于你没正眼看人家。

十五岁那年，我开始了独自骑行的生涯，第一次出了较远的门，风尘仆仆的样子。路遇好久不见的同学，他家在一片密林深处；撞见坐在前排的女生已经在谈恋爱，她看见我时娇羞地别过脸去；看到从前熟悉的河流，竟然不是自己想象的流向。

那年的暑假天气很热，没有蝉声。

成熟就是开始接受自己的残缺和不完美，原谅身边的人和事，坦然面对庸常而琐碎的生活。

以前的老人喜欢在广场上打太极，讲究个以静制动；现在的老人喜欢找个空地就跳广场舞，那是以动制静。

在你还没有丢失初衷的时候，奋不顾身得到的永远比你兜兜转转之后得到的要好。有时候挑挑拣拣也是一种左右摇摆的懦弱表现。

久违的阳光打在背上，像有人在背后偷袭了一样。

以前喜欢一个人，会很想知道对方喜欢什么，爱吃什么，住哪里，家里有什么人！现在喜欢一个人，就是想知道对方朋友圈都发些什么。

总在午夜回想起从前的自己，那么自负那么卑微那么骄傲那么后知后觉，而现在似乎醒了，却固执地重复着从前的自己，忘了后悔。

总有一个人，让你对一些原本讨厌的地方恨不起来。

若习惯放弃，世界凭什么温柔待你?

人就是这样矛盾。单身的人怕寂寞，怕旅程孤单到连个说话和拍照的人都没有；有情侣或家庭的，又想安静，想孤单一个人去旅行，可以思考、摄影和写作。

你怀念的是无话不说，说完你就后悔了。

做个寡言但心中有海的人。

虽然梦想总是遥不可及，其实它一直住在你我隔壁。

一直觉得那些自私自利、宁愿伤害别人也不愿意控制自己情绪的人，一定会遭到报应的。后来事实证明，他们比谁都活得滋润。

这就是这个社会戾气极重的根源。

在职场内，有多少八面玲珑，就有多少万箭穿心！

人生就是一个善到伪善再到善的过程。

不知道从什么时候开始，身边的人手机用两个，房子有两套，朋友隔三岔五换两个，就连工作也是要做两份才能好好活下去。

爱情也是各取所需，别天真地以为会凭空冒出一个人来，对你无条件地好。

如果能被一个梦感动，说明已经很久没有被现实生活温暖。

每个人的成长过程中都希望遇见贵人，这样可以让原本艰难的路变得坦荡，变得事半功倍、平步青云。但是，让一个人真正强大起来的，却是那段独自撑下去的时光。

你若看轻，我便看清。

任何事情不要因可原谅，便觉得没关系。错就是错了，总结经验教训比自我安慰更有利。

我是你开不了机的电脑，我是你手中插不上的 U 盘，我是你干燥的肌肤，我是你脱不了水的衣服。我是你脸上抚不平的皱纹，我是你心里擦不去的伤痕。

丑一点没关系，反正也没人看你。

那些唱歌的人，他们一边歌唱爱情，一边埋葬爱情。

为什么冰箱里的东西容易过期？因为总有人以为得到的东西就可以轻易搁置。

看似毫无意义的事情，坚持做下去，就会有意义。

每个人心里都有伤，那是天塌下来的地方。如果不曾遗忘，就让它滋长坚强。

既然是蛾子，终究是要扑火的！

看到一句走心的话：人生就是一个删繁就简的过程。于是默默把手机上的一些 APP 删了！

我妈这代人啊，一边催着你结婚生孩子，一边不停唠叨邻居家谁谁离婚了，谁谁儿媳离家出走了，谁家男人养了小三，谁家七老八十了还在闹分居。真是太虐心了！

当一个人对你说话结巴时，说明是对你动心了；当一个人对你滔滔不绝时，一定是想打动你；当一个人对你沉默不语时，多半是想散了。

同样的磨难，成功了便是好事多磨是幸运，失败了便是有缘无分是天意。人总是会找各种台阶让自己下！

爱是天时地利的迷信，哦，原来你不在这里。

隔壁在搬家，突然想起基本没有怎么搭过话。人与人之间就是这样，可以如此近，却也可以如此遥远。

不是发自内心或者无节制的自嘲，都是变相想从别人那里获取赞美。

夜深人静的时候，是讨厌自己的时候。

有很多以为的爱情，不过是一种依赖，相处得久了，成了习惯。就像一家餐馆，因为去得多了，有了安全感，便懒得再换了。

早上的电梯口，一个女同事说：你来挺早啊。我点了点头，嗯了一声。进了电梯，她又强调了一遍：我说，你来得挺早啊。我不好意思地回：啊，你也来得挺早啊。

出电梯时，我发现她新做了头发！

我们对上司阿谀，对领导奉承，对官员低头，对客户忍让笑脸相迎；我们对家人苛刻，对爱人挑剔，对挚友毒舌言语攻击。是的，在滚滚的红尘里，我们只爱陌生人。还好，我们终究知道，前者是戴着面具，后者才是碰撞燃烧的真情。

身边太多的人总是替别人拿主意，却拿自己没主意。

当你心里有爱就有了盔甲，所有的坚强防备也便轻易放下。

别把我的无意路过，当成你故事的一部分。

你只要站成一棵树就够了，跟开不开花没有关系。

是不是脱下秋裤，就可以亵玩整个春天。

在春天播下一粒种子，到秋天也可能收获一粒烂种子。

有多少人为那些励志片、公益片、煽情片而感动得落泪、哭得死去活来，却不会因为一件很小的事而与自己的爱人有所妥协、包容和退让，也不会为自己的亲人付出哪怕一点点的施舍。

能说的，都不是最深的孤独。

愿 你 出 走 半 生 ， 归 来 仍 是 少 年